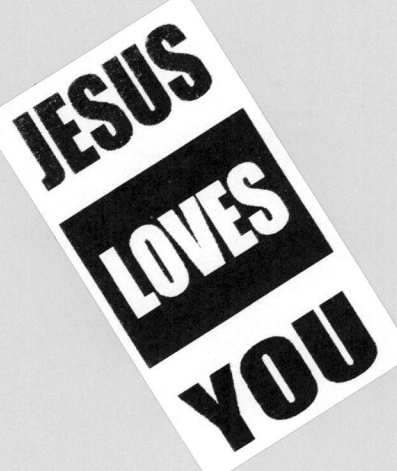

DALE PINNOCK

GOOD FOOD

120 Rezepte für ein gesundes Leben

BESCHWERDEN & ERKRANKUNGEN

Näheres zu Krankheitsbildern und möglichen Ursachen finden Sie ab Seite 163.

NAHRUNG ALS MEDIZIN

Im Verlauf der Menschheitsgeschichte ist Heilkundigen und Medizinern unterschiedlicher Gesellschaftsformen immer wieder der Zusammenhang zwischen bestimmter Nahrung und Heilungsprozessen aufgefallen. Die Traditionelle Chinesische Medizin und die indische Ayurveda-Medizin sind zwei herausragende Beispiele dafür. Sie haben die Wechselwirkungen zwischen Nahrung und Organismus beobachtet und dokumentiert, um unter anderem auch Nahrung als Therapeutikum gegen Krankheiten einzusetzen. Als sich westliche Medizin auch in Asien etablierte, geriet dieses Wissen etwas in Vergessenheit. Wer heute krank ist, geht sofort zum Arzt. Unsere Heilung haben wir komplett aus der Hand gegeben und überlassen es ganz und gar anderen, für unsere Gesundheit zu sorgen. Schon früh wurde erforscht, welchen Nährwert bestimmte Nahrungsmittel haben. So war bekannt, dass ein Mangel an bestimmten Nährstoffen Krankheiten auslösen kann. Man wusste zum Beispiel um die Rolle, die Vitamin C im Zusammenhang mit Rachitis und Skorbut spielen kann, aber das war auch schon alles.

Vor einigen Jahrzehnten jedoch wuchs das Interesse am Thema Ernährung und dabei rückte auch ihre Bedeutung für unsere Gesundheit in den Fokus. Immer mehr Reformhäuser und Bioläden eröffneten. Bücher widmeten sich diesem Thema in aller Ausführlichkeit, einige von ihnen sind mittlerweile Klassiker. Jetzt begann die Wissenschaft, sich der Erforschung von Zusammenhängen zwischen Ernährung und Gesundheit gezielt zu widmen.

GRUNDLAGENFORSCHUNG

Es wurde viel geforscht – bei einigen Studien handelte es sich um groß angelegte bevölkerungsbezogene Studien im Auftrag von Regierungen, Forschungsinstituten, Interessengemeinschaften und Verbänden oder Fachorganen. Andere Studien untersuchten Teilaspekte, etwa die Auswirkungen bestimmter Ernährungsformen auf Gesundheit oder Erkrankung. Sie alle trugen dazu bei, ein Grundverständnis dafür zu wecken, welche Nahrungsmittel welche Auswirkungen haben – doch im Prinzip stehen wir immer noch am Anfang. Was wir wissen ist, dass bestimmte Nahrungsmittel, richtig eingesetzt, Wohlbefinden und Gesundung unterstützen können, es manchen Ansichten über gesunde Ernährung jedoch an einer Grundlage mangelt. Vieles wiederum, was einmal für Quacksalberei gehalten wurde, wird heute als ernsthafter Bestandteil der Gesundheitsvorsorge betrachtet.

WIE KANN UNS NAHRUNG GESÜNDER MACHEN?

Viele betrachten Nahrungsmittel lediglich als nötigen „Treibstoff" zum Leben. Kohlenhydrate und Proteine – die sogenannten Makronährstoffe – liefern in der Tat eine Art „Treibstoff", denn sie stellen Energie und andere Materialien zur Verfügung, die für Wachstum und Regeneration im Körper nötig sind. Doch Nahrung ist sehr viel mehr. Neben den Makronährstoffen gibt es die Mikronährstoffe: Vitamine, Mineralstoffe, Spurenelemente und essenzielle Fettsäuren. Ihnen fällt eine Schlüsselrolle zu, sie ermöglichen chemische Prozesse im Körper. Zink etwa regt die Bildung weißer Blutkörperchen an und wird zur Steuerung von Abläufen im Gehirn benötigt. Es trägt dazu bei, Proteine zu erzeugen, die Entzündungen positiv beeinflussen können. Essenzielle Fettsäuren unterstützen die Bildung von Hormonen und einer Gruppe von Molekülen, die Schmerz- und Entzündungsprozesse regulieren. B-Vitamine verwandeln Nahrung in Energie und Magnesium wird für mehr als 1000 chemische Prozesse in unserem Körper benötigt. Es versteht sich also von selbst, dass Vitamine und Mineralien für unsere Gesundheit eine entscheidende Rolle spielen.

Richtig spannend wird es, wenn wir einen Blick auf die Verbindungen in vielen Zutaten werfen. Hierbei handelt es sich streng genommen nicht um Nährstoffe, denn um gesund zu bleiben, sind wir nicht auf deren Zufuhr angewiesen. Allerdings können sie heilsame Prozesse auslösen helfen. Begeben wir uns also in die Welt der Phytonährstoffe. Diese Chemikalien, auch sekundäre Pflanzenstoffe genannt, kommen in Pflanzen als Farbpigmente, Hormone und strukturelle Verbindungen vor. Sie sind mittlerweile sehr gut erforscht und wir wissen um ihre zum Teil erstaunliche Wirkung. So heißt es etwa, chemische Substanzen aus Kirschen können Schlaflosigkeit lindern, Schokolade könne den Blutdruck senken, Rotwein könne uns vor Herzinfarkten schützen. Und das ist erst der Anfang! Alles, was wir essen, kann also umfassende Auswirkungen auf Wohlbefinden und ein gesünderes Leben haben.

MEINE PHILOSOPHIE

An alternative Medizin glaube ich nicht. Natürliche Therapien werte ich nicht ab, aber ich habe mich davon entfernt, sie für eine Alternative zur oder gar einen Ersatz für die konventionelle Medizin zu halten. Meiner Ansicht nach müssen in Sachen Gesundheit viele Dinge gemeinsam wirken. Alternativ gegen konventionell – so einfach kann man es sich nicht machen. Wenn jemand krank ist und auf Mediziner und pharmakologische Medikamente angewiesen ist, dann braucht er diese. Das heißt aber nicht, dass nicht jeder zusätzlich etwas tun kann, um Heilungsprozesse etwa durch seine Ernährung und seinen Lebensstil zu fördern.

Nehmen wir das Beispiel Bluthochdruck. Er stellt ein erhebliches Risiko dar, denn die Innenwände der Blutgefäße können dabei geschädigt werden. Das wiederum erhöht das Risiko für einen Herzinfarkt. Medikamente, die den Blutdruck senken und auf diese Weise Herz und Gefäße entlasten, können viele Leben retten, doch gleichzeitig sollten Ernährung und Lebensstil angepasst werden. Die Zufuhr von Natrium und gesättigten Fetten sollte eingeschränkt werden und ein zu hoher Blutzuckerspiegel nach dem Essen sollte vermieden werden. Wiederum andere Nährstoffe können negativen Veränderungen, die im Körper stattfinden, entgegenwirken. Flavonoide, eine Gruppe von Verbindungen, die in grünem Tee, Zwiebeln und dunkler Schokolade vorkommt, können eine Zunahme der chemischen Stoffe unterstützen, die zur Erweiterung von Blutgefäßen beitragen. Auf diese Weise wird eine Blutdrucksenkung unterstützt. Eine höhere Zufuhr von Omega-3-Fettsäuren erhöht auf natürliche Weise den Anteil der chemischen Stoffe, die Blutgefäße festigen. All das ist so gut erforscht und dokumentiert, dass die genauen Zusammenhänge zwischen Blutdruck und Ernährung heute hinlänglich bekannt sind. Mit der richtigen Behandlung und Ernährung lässt sich Bluthochdruck – wie viele andere Erkrankungen auch – sehr gut managen.

Aus meiner Sicht werden durch einen „Alles-oder-Nichts"-Standpunkt – nur gesunde Ernährungsweise oder nur Medikamente – die Heilungsmöglichkeiten nicht voll ausgeschöpft. Wenn wir beide Ansätze verbinden, ergibt sich ein Ganzes.

MEINE ROLLE ALS KOCHENDER MEDIZINER

Ich habe untersucht, welche Nahrungsmittel gegen bestimmte physiologische Veränderungen und Erkrankungen sinnvoll unterstützend eingesetzt werden können und welche Ernährungsformen leicht umzusetzen sind. Zugleich habe ich meine kulinarische Erfahrung eingebracht, damit Sie im Alltag köstliche, leicht zuzubereitende und zugleich die Gesundheit fördernde Gerichte kochen können. Dabei bin ich gleichermaßen von der Wissenschaft wie vom Essen begeistert, ich habe ja auch als Koch gearbeitet. Außergewöhnliche köstliche Gerichte zuzubereiten ist meine Leidenschaft und ich möchte Ihnen zeigen, dass eine der Gesundheit dienliche Ernährung nichts mit einem staubtrockenen Müsli, Mungobohnen oder Kaninchenfutter zu tun hat. Sich auf diese Weise zu ernähren kommt einer spannenden kulinarischen Reise gleich. Und dabei müssen Sie Geschmack, Stil oder Genuss nicht opfern. Gerichte wie die Griechischen Pitta-Pizzen (Seite 70), Thunfischsteaks mit Süßkartoffeln und Spitzkohl (Seite 118) oder der Minz-Schokoladen-Kuchen ohne Käse (Seite 148) sind Sterneküche – sie stecken voller Aromen und sind wahrhafte Leckerbissen! Alle Rezepte, das werden Sie schnell merken, sind einfach und schnell zuzubereiten. Das ist gesunde Küche heute. Viele Gerichte sind Eintopfwunder, alle Zutaten sind leicht zu bekommen und eine besondere Küchenausstattung ist nicht vonnöten. Viele Gerichte sind sogar in weniger als 30 Minuten zuzubereiten. Und alle schmecken hervorragend.

ZU DIESEM BUCH

Bei jedem Rezept finden Sie Symbole, die anzeigen, gegen welche Erkrankungen oder körperlichen Beschwerden es unterstützend wirken kann. So können Sie sich die Rezepte aussuchen, die Ihnen besonders gut tun. Wenn Sie jedoch auf der Suche nach einem Rezept sind, das Ihren Körper einfach nur kräftigt, dann ist jedes Gericht gut für Sie! Das Buch ist in Kapitel gegliedert, um Ihnen die Suche nach den gewünschten Rezepten zu erleichtern. Wer eine leichte Kleinigkeit zum Mittagessen bevorzugt, schaut unter „Leichte Kleinigkeiten" (Seite 60) nach; wer Ideen sucht, um Freunde zu bewirten, wird unter „Vorspeisen & Beilagen" (Seite 74) fündig; wer nach der Arbeit hungrig ist und etwas Schnelles sucht, entdeckt sicher etwas im Kapitel „Schnelle Hauptgerichte" (Seite 102). In „Hauptgerichte fürs Wochenende" (Seite 122) finden Sie Ideen für etwas Stilvolleres. Wer genau wissen will, was er im Rahmen der Behandlung bestimmter Beschwerden essen kann, findet ab Seite 163 („Beschwerden & Erkrankungen") Details zu Beschwerden und Leiden, bei denen die Ernährung eine gravierende Rolle spielen kann. Zu jeder Erkrankung finden Sie zudem eine exemplarische Rezeptliste und Sie erfahren etwas über die für Sie besten Lebensmittel. Wer mehr über die Effekte einzelner Nahrungsmittel wissen möchte, wird im Kapitel „Zutaten" (ab Seite 11) fündig.

Darum also geht es in „Goodfood": Nicht um Alternativen und Wunderheilungen, sondern einfach um köstliche Gerichte, die dazu beitragen können, uns gesund zu erhalten und die trotzdem schmecken.

ZUTATEN

OBST

ANANAS

Arthritis
Ananas enthält ein wirkungsvolles Enzym, das Bromelain. Es kann Abwehrprozesse im Körper unterstützen und entzündliche Prozesse hemmen. Bei vielen schmerzhaften entzündlichen Erkrankungen hat der Verzehr von Ananas wohltuende Effekte. Das meiste Bromelain sitzt im inneren festen Strunk der Frucht, der Teil, den die meisten wegwerfen. Sind die Früchte sehr reif, kann der Innenstrunk mitgegessen werden.

Verdauungssystem
Bromelain wird unter anderem eine verdauungsfördernde Wirkung zugeschrieben, insbesondere bei der Verdauung proteinhaltiger Lebensmittel.

ÄPFEL

Hohe Cholesterinwerte
In Äpfeln steckt ein löslicher Ballaststoff, Pektin genannt. Dieser trägt dazu bei, Cholesterin aus dem Verdauungstrakt zu transportieren. Wenn die Leber Cholesterin produziert, gelangt ein hoher Anteil in den Verdauungstrakt, von wo aus es dann ins Blut gelangt. Wird die Menge des Cholesterins schon dort reduziert, verringert sich der Gesamtcholesterinspiegel.

Asthma
Einige Studien deuten darauf hin, dass das in Äpfeln enthaltene Phlorizin Entzündungsvorgänge in den Lungen positiv beeinflusst, etwa bei Asthma. Äpfel liefern zudem sehr viel Quercetin, eine Substanz, die wie ein natürliches Antihistamin wirkt.

BANANEN

Schlafstörungen
Bananen enthalten einen hohen Anteil der Aminosäure Tryptophan. Diese wird im Gehirn in den Neurotransmitter Serotonin – er beeinflusst das Schlafverhalten – umgewandelt.

Bluthochdruck
Bananen sind sehr kaliumreich. Kalium dämpft die Auswirkungen von Salz auf den Körper, etwa die Kontraktion der Blutgefäße und eine erhöhte Flüssigkeitsretention. Es dämpft damit unter anderem die Erhöhung des Blutdrucks. Das Gleichgewicht des Kalium-Natrium-Haushalts spielt eine bedeutende Rolle bei der Regulierung des Blutdrucks. Das heißt nicht, dass man nur eine Banane essen muss und alles ist in bester Ordnung. Bananen sind nur ein gutes Beispiel für ein Lebensmittel, das bei Bluthochdruck Bestandteil der Ernährung sein sollte.

CRANBERRYS

Harnwege
Bereits seit langer Zeit gelten Cranberrys als sehr wirksames Heilmittel bei der Behandlung von Harnwegserkrankungen, etwa bei Blasenentzündung (Zystitis). Viele Harnwegsinfektionen werden von E.-coli-Bakterien ausgelöst: Wenn diese sich in die Wand der Harnröhre (Urethra) einlagern, reagiert das Immunsystem mit einer Entzündung. Cranberrys liefern sehr viele Verbindungen, die Proanthocyane heißen. Diese verhindern, dass sich das E.-coli-Bakterium in der Harnröhre einnistet.

DATTELN

Hohe Cholesterinwerte
Datteln liefern eine Art löslichen Ballaststoff, der β-Glucan genannt wird. Klinischen Untersuchungen zufolge kann diese Substanz einen zu hohen Cholesterinspiegel senken. β-Glucan bindet das Cholesterin im Verdauungstrakt, es wird über den Darm ausgeschieden.

Verstopfung
β-Glucan macht den Stuhl weicher, regt eine sanfte Kontraktion der Darmwand an und erleichtert den Stuhlgang.

GOJIBEEREN

Immunsystem
Heute findet man sie in jedem größeren Supermarkt. Gojibeeren enthalten eine bestimmte Art größerer Zuckermoleküle (Polysaccharide). Diese erhöhen die Produktion von weißen Blutkörperchen, die zur körpereigenen „Polizei" gehören. Deshalb sind Gojibeeren besonders bei Erkältung und Fieber empfehlenswert, aber natürlich auch sonst, einfach, um das Immunsystem zu stärken.

Augen
In der Gojibeere stecken zwei Schlüssel-Antioxidanzien, Lu-

tein und Zeaxanthin. Beide schützen die Augen und die Makula (Ort des schärfsten Sehens in der Netzhaut) in der Retina (Netzhaut) vor Schädigungen. Wer regelmäßig Gojibeeren isst, soll die Sehkraft der Augen insgesamt verbessern können, wie es heißt.

HEIDELBEEREN

Kreislauf & Herz

Vieles von dem, was über die wunderbaren gesundheitsfördernden Vorzüge von Heidelbeeren geschrieben wird, ist wohl übertrieben. Doch sie enthalten einen hohen Anteil Antioxidanzien, die sogenannten Anthocyane. Diese Verbindungen geben der Frucht ihre dunkelblauviolette Farbe. Anthocyane sollen zur Entspannung der Blutgefäße beitragen und die Wände der Gefäße vor Schaden bewahren. Selbst das Cholesterin sollen sie leicht senken können.

Augen

Einige der Antioxidanzien in Heidelbeeren wurden bereits klinisch erforscht. Sie haben ein positives Potenzial bei der Makuladegeneration (Verlust der Sehfähigkeit im Zentrum des Sichtfeldes) und bei Katarakten. Sie sind kein Heilmittel, aber können vorbeugend ihre Wirkung entfalten.

KIRSCHEN

Entzündungen

In Kirschen stecken jede Menge Anthocyane, Wirkstoffe, die für die rote Farbe der Früchte verantwortlich sind. Sie wirken ähnlich wie einige verschreibungspflichtige Entzündungshemmer (sie sind jedoch keine Alternative!), indem sie die Aktivität gewisser Enzyme blockieren, die Entzündungsprozesse anregen. Das kann bei vielen Erkrankungen hilfreich sein, etwa Gicht, Arthritis und Gelenkschmerzen.

Schlafstörungen

Insbesondere Montmorency-Kirschen enthalten sehr viel Melatonin, eine Substanz, die das Gehirn als schlafförderndes Hormon ausschüttet. Klinische Studien belegen, dass der Verzehr frischer Kirschen oder eines Glases Kirschsaft positive Effekte auf den Schlaf haben kann.

Gicht

Die Anthocyane in den Kirschen können überdies auch bei Gicht hilfreich sein. Diese schmerzhafte Erkrankung wird durch sich in Gelenken anhäufende Harnsäurekristalle ausgelöst. Dort üben die Kristalle einen Druck auf die weichen Gelenkstrukturen aus. Die Anthocyane verhindern die Anregung zur Produktion von Harnsäurekristallen durch das Enzym Xanthinoxidase.

MANGOS

Haut

Das leuchtend orangefarbene Fleisch der Mango erhält seine Farbe durch eine hohe Konzentration von β-Carotin. Hierbei handelt es sich um ein fettlösliches Antioxidans, das schnell in die Haut gelangt und sie vor den Angriffen freier Radikale, die für Falten und rasche Hautalterung verantwortlich sind, schützt. β-Carotin wirkt zudem entzündungshemmend.

Verdauungssystem

Mangos liefern eine Gruppe von Enzymen, die proteolytisch (Eiweiß abbauend) wirken, das heißt, sie unterstützen den Körper darin, Proteine effektiver zu verdauen. Wer aus diesem Grund Mangos isst, sollte diese vor dem Essen, und nicht danach, verzehren. Denn der Genuss von Früchten nach einem Essen führt eher zu Verdauungsstörungen.

PAPAYAS

Blähungen & Magenverstimmung

In den Papayafrüchten steckt das hoch wirksame Papain, ein Enzym, das die Verdauung anregt. Insbesondere bei Magenverstimmungen, die etwa durch den Verzehr eines eiweißreichen Steaks verursacht werden, ist es hilfreich. Auch Blähungen kann das Enzym lindern, indem es die Verdauung und die Aufspaltung der Nahrungsbestandteile stimuliert.

TRAUBEN

Bluthochdruck

Trauben enthalten zwei überaus wirkungsvolle Bestandteile, die den Blutdruck beeinflussen. Der erste ist ein dunkel-violettes Pigment aus der Gruppe der sogenannten oligomeren Proanthocyanidine (auch OPC), das zweite ein sogenanntes Resveratrol. Beide Substanzen sind in

Pflanzen natürlich vorkommende Stoffe und ergänzen sich in ihren Aktionen. Sie erhöhen die Produktion der Zellen, welche die Blutgefäße auskleiden. Das führt dazu, dass sich die Gefäße weiten und je weiter die Gefäße, desto niedriger der Blutdruck.

Hohe Cholesterinwerte
Trauben enthalten keine cholesterinsenkenden Substanzen, doch Bestandteile, welche die Oxidation des Cholesterins eindämmen. Dieser hoch reaktive Prozess kann an den Innenwänden der Gefäße erheblichen Schaden anrichten und oxidiertes Cholesterin kann Gefäße verstopfen, deshalb sollte der Cholesterinwert möglichst gesenkt werden.

ZITRONEN & LIMETTEN

Erkältung & Fieber
Zitrusfrüchte enthalten viel Vitamin C und für ein einwandfrei funktionierendes Immunsystem ist dieses Vitamin unerlässlich, denn es bestärkt die weißen Blutkörperchen darin, Angreifer abzuwehren. Zitronen und Limetten enthalten zudem reichlich Kaempferol, das nachweislich antibiotische Eigenschaften besitzt.

GEMÜSE
ARTISCHOCKEN

Diabetes
Artischocken enthalten viel Inulin, ein Zuckertyp. Er soll für einen gleichmäßigen, stabileren Blutzuckerspiegel sorgen. Glucose (Blutzucker) muss ständig

für den Körper verfügbar sein, um ihn mit Energie zu versorgen. Dabei ist darauf zu achten, dass keine Blutzuckerspitzen entstehen, sondern Kohlenhydrate wie zum Beispiel Zucker ausgewogen zugeführt und ebenso gleichmäßig abgebaut werden.

Leber & Verdauungssystem
Artischocken liefern sogenannte Caffeoylsäure, welche die Leber vor entzündlichen Prozessen bewahren und die Produktion von Gallenflüssigkeit anregen soll. Dies schützt vor Gallensteinen und verhindert Verstopfung. Gallenflüssigkeit ist also ein natürliches, körpereigenes Abführmittel.

Hohe Cholesterinwerte
In einigen Tests konnte nachgewiesen werden, dass Artischockenextrakt das ,schlechte' Cholesterin (LDL = Low Densitiy Lipoprotein) reduziert. Das mag an der erhöhten Produktion der Gallenflüssigkeit liegen, denn diese ist eine der wichtigsten Transportwege des Cholesterins aus der Leber.

AUBERGINEN

Nervensystem
Ein Wirkstoff mit dem Namen Nasunin, der in der Schale von Auberginen steckt, wurde erst vor kurzem entdeckt. Er soll die Fettschicht von Nervenzellen schützen.

Verstopfung
Auberginen sind sehr ballaststoffreich, sie machen den Stuhl weicher und verhindern unangenehme Verstopfung.

AVOCADOS

Hohe Cholesterinwerte
Avocados liefern sehr viel Oleinsäure, eine Fettsäure, die auch in Olivenöl steckt. Es heißt, sie reduziere einen zu hohen LDL-Wert und könne die Anteile des ,guten' Cholesterins (HDL = High Densitiy Lipoprotein) erhöhen.

Haut
In Avocados schlummert reichlich Vitamin E, ein wirksames Antioxidans. Es schützt die Hautzellmembranen und kann in der Hautpflege eine wichtige Rolle spielen.

Kreislauf & Herz
Wegen ihres hohen Vitamin-E-Gehalts gelten Avocados als gesundes Nahrungsmittel für alle Herz-Kreislauf-Kranken. Vitamin E ist ein natürlicher Gerinnungshemmer (Anticoagulans): Es verringert die Blutgerinnungsaktivität. So verhindert es die Verklumpung von Blutplättchen und stellt damit einen wirksamen Schutz vor Herzinfarkt und Schlaganfall dar.

BOHNEN

Hohe Cholesterinwerte
Alle Bohnen sind Ballaststofflieferanten, davon profitiert auch das Herz- und Gefäßsystem. Der Verzehr von Ballaststoffen kann die Aufnahme des Cholesterins minimieren, sodass die Cholesterinwerte im gesunden Bereich liegen. Ballaststoffe haben auch einen reinigenden Effekt auf die Gesundheit des Verdauungsapparates und sorgen für einen reibungslosen Stuhlgang – auf die-

se Weise wird dann eben auch das Herz- und Gefäßsystem gleichmäßig von Cholesterin entlastet. Wenn unser Körper Cholesterin in der Leber herstellt, wird einiges davon schon dort absorbiert und der Rest über die Gallenflüssigkeit von der Leber in den Verdauungstrakt transportiert. Dort wird es wiederum aufgenommen.

Verdauungssystem
Bohnen sind aufgrund der Ballaststoffe gut fürs Verdauungssystem. Sie quellen auf und erhöhen auf diese Weise das Volumen der zu verdauenden Bestandteile im Darm. Geschieht dies, verhindern spezielle Rezeptoren, dass das Volumen weiter zunimmt, indem sie die Kontraktion der Muskeln an den Darmwänden anregen. Diese rhythmische Kontraktion, auch Peristaltik genannt, sorgt dafür, dass der Darminhalt vorwärts bewegt wird.

Fortpflanzungsorgane
Einige Hülsenfrüchte, etwa Sojabohnen und Kichererbsen, enthalten sehr viele Isoflavone. In ihrer Struktur ähneln diese Substanzen dem Östrogen. In empfänglichem Gewebe können sie an Östrogenrezeptoren andocken. Auch wenn sie diese Fähigkeit besitzen, so gibt es allerdings keinen Nachweis, dass sie dieselben Effekte wie das Hormon haben.

Die Ursache einiger hormonell bedingter Schwierigkeiten, etwa während der Menopause oder vor und während der Menstruation, liegt in veränderten Östrogenwerten im Blut. Entweder ist zu viel Östrogen vorhanden oder aber die Östrogenwerte sind beträchtlich gesunken. Gibt es ein Zuviel an Östrogen, docken die Isoflavone an die Östrogenrezeptoren an und hindern Östrogene am Andocken und einer Überreaktion. Fehlt es jedoch an Östrogen und sind die Rezeptoren unterversorgt, können andockende Isoflavone zumindest einige der Entzugssymptome lindern.

BROKKOLI

Krebsprävention
Ich bin immer sehr skeptisch, wenn es heißt, bestimmte Lebensmittel oder Verhaltensweisen lösten Krebs aus oder verhinderten ihn. Brokkoli liefert einige chemische Verbindungen, die lediglich in Laborstudien aktiv Zellveränderungen verhindert haben sollen. Das sogenannte Indol-3-Carbinol und das Indol-3-Sulforaphan sind dabei am besten erforscht. Das heißt absolut nicht, dass Sie 20 Zigaretten am Tag rauchen dürfen, wenn Sie Brokkoli essen!

Magengeschwüre
Einige Studien halten für möglich, dass Sulforaphan das Bakterium H. pylori abtöten kann. Das Bakterium ist für die Entstehung von Magengeschwüren verantwortlich.

BUTTERNUT-KÜRBIS

Akne & Ekzeme
Die Farbe des leuchtend orangefarbenen Fruchtfleisches rührt von den sogenannten Carotinoiden her, fettlösliche Antioxidanzien, die sehr schnell in die tieferen Hautschichten gelangen. Ihre entzündungshemmende Wirkung kann die Rötungen bei Akne und Ekzemen lindern. Auch können sie helfen, Kollagenfasern vor Schädigungen zu bewahren.

Kreislauf & Herz
Carotinoide können die Oxidation von Fettbestandteilen wie dem LDL-Cholesterin verhindern und damit die Blutgefäße schützen. Bereits geschädigte Bereiche sind mit Cholesterin verstopft und vernarbt und erhöhen das Risiko für einen Herzinfarkt. Die Reduzierung der Oxidation kann dem vorbeugen.

DICKE BOHNEN

Verdauungssystem,
Kreislauf & Herz
Wie alle Hülsenfrüchte liefern auch Dicke Bohnen reichlich Ballaststoffe. Zwei Körpersysteme profitieren davon: Zum einen findet eine regelmäßige Verdauung statt. Ballaststoffe binden Wasser und quellen auf, dies fördert die natürlichen Kontraktionen der Darmwände (Peristaltik) und sorgt für einen reibungslosen Stuhlgang. Ballaststoffe unterstützen zudem Herz und Gefäße, weil sie das Cholesterin aus dem Darm transportieren und so den Gesamtcholesterinspiegel im Gleichgewicht halten. Dicke Bohnen liefern reichlich Kalium, das wiederum den Blutdruck senkt. Und das hat wiederum positive Einflüsse auf unser ganzes Wohlbefinden

ERBSENSPROSSEN

Immunsystem
Erbsensprossen sind eine ernst zu nehmende Vitamin-C-Quelle. Werden die Sprossen roh und sehr frisch verzehrt, sind ihre Nährwerte absolute Spitze. Sie bieten eine Möglichkeit, sich während der Wintermonate mit Vitamin C zu versorgen.

Proteinproduktion
Alle Sprossensamen enthalten essenzielle Aminosäuren, die unser Körper zur Herstellung von Proteinen benötigt. Diese Nährstoffe sind in den Pflanzen vor allem zu Beginn des Wachstums verstärkt vorhanden, deshalb liefern auch Sprossen jede Menge davon. Wir müssen kein Protein essen, um den Körper mit Protein zu versorgen. Wir benötigen jedoch essenzielle Aminosäuren (diejenigen, die unser Körper nicht selbst herstellen kann), die dann in der Leber zu Protein verarbeitet werden.

FENCHEL

Verdauungssystem
Die Öle, die dem Fenchel sein besonderes Aroma verleihen, sind bekannt dafür, Krämpfe und Spasmen im Verdauungstrakt zu lindern. Sie sind ideal bei Bauchweh. Dieselben Öle können auch Blähungen lindern.

GRÜNKOHL

Osteoporose
Grünkohl ist überaus kalziumreich und liefert zudem sehr viel Phosphor. Das fördert die Gesundheit des Knochenbaus. Ein Überschuss an Phosphor und zugleich eine Unterversorgung mit Kalzium erhöhen allerdings das Osteoporoserisiko.

Muskelkrämpfe
Seine dunkelgrüne Farbe zeigt an, dass Grünkohl sehr viel Chlorophyll besitzt. In Chlorophyll steckt Magnesium; Magnesium und Kalzium sind im Muskelgewebe aktiv. Kalzium stimuliert Muskeln zur Kontraktion, Magnesium dagegen fördert ihre Entspannung. Gegen alle Arten von Muskelkrämpfen oder Spasmen helfen stets zusätzliche Magnesiumportionen.

KAROTTEN

Haut
Das lebendige Orange der Karotten ist auf den Gehalt von β-Carotin zurückzuführen. Diese natürliche Verbindung dringt in fetthaltiges Gewebe wie die Haut. Dort kann es lokal seine entzündungshemmende Wirkung als Antioxidans entfalten. Bei Akne und Ekzemen sind Karotten ein ideales Lebensmittel.

Augen
Karotten sind im weitesten Sinne gut für die Augen. Das liegt am β-Carotin, denn der fettlösliche Wirkstoff kann sich im Augengewebe ansammeln und dieses vor den Angriffen freier Radikale schützen.

KARTOFFELN

Bluthochdruck
Die unscheinbare Kartoffel ist ein guter Kohlehydratlieferant.

Zudem enthält sie Kukoamine, die man bis dahin nur in einigen wenig bekannten chinesischen Kräutern vermutete. Die chemischen Verbindungen kommen selten in Pflanzen vor. Es heißt, Kukoamine können Bluthochdruck senken, allerdings ist nicht nachgewiesen, wie. Vorsicht ist geboten: Zu viele kohlehydrathaltige Lebensmittel sind nicht gut fürs Herz, weil sie den Blutzucker schnell ansteigen lassen.

KOHL

Entgiftung
Ich halte nichts von Entgiftungskuren, da der Körper sich auf natürliche Weise selbst entgiftet: Jede Sekunde am Tag spalten sich Zellen und entfernen Abbauprodukte. Jedoch liefern alle Mitglieder der Gattung *Brassica* wie etwa Kohlsorten, Rüben, Senf oder Raps Verbindungen wie Isothiocyanate, die den Spiegel der Enzyme erhöhen, die am Abbauprozess beteiligt sind.

Kreislauf & Herz
Einige der in Kohl enthaltenen Pflanzenstoffe tragen dazu bei, den sogenannten Homocysteinwert im Blut zu senken. Homocystein ist – vereinfacht – eine schwefelhaltige Aminosäure. Ein zu hoher Wert steht in Verdacht, das Risiko für einen Herzinfarkt zu erhöhen.

OLIVEN

Verdauungssystem
Auffallend bei Oliven ist ihr bitteres Aroma. Wenn wir etwas Bitteres schmecken, findet ein

Nervenreflex statt. Das Ergebnis: Die Gallenblase zieht sich zusammen und setzt etwas Gallenflüssigkeit frei. Diese ist für die Fettverdauung unerlässlich und arbeitet zudem als körpereigenes Abführmittel. Der Nervenreflex erhöht zudem die Produktion von Magensaft, deshalb verbessert sich auch die Verdauung der Proteine. Die Bitterstoffe der Olive unterstützen also das Verdauungssystem.

Kreislauf & Herz
Die Fettsäuren im Olivenöl erweisen sich für die Herzgesundheit als sehr hilfreich. Sie können das ‚gute' HDL-Cholesterin erhöhen und das ‚schlechte' LDL-Cholesterin reduzieren. Die Oleinsäure hat zudem einen positiven Effekt auf den Blutdruck.

PAPRIKA

Haut
Rote und orangefarbene Paprika enthalten hoch wirksame fettlösliche Antioxidanzien. Carotinoide und Flavonoide sind für die lebendige Farbe der Schoten verantwortlich. Sie gelangen rasch in die Fettschichten der Haut, dort, wo sich Kollagene und elastisches Bindegewebe befinden, und bieten einen Schutz vor Schäden. So kann der Faltenbildung vorgebeugt werden. Die Antioxidanzien sind auch entzündungshemmend und können dazu beitragen, Akne und Ekzemen zumindest vorzubeugen.

Kreislauf & Herz
Flavonoide sind zudem gut für die Blutgefäße, da sie die Gefäßinnenwände widerstandsfähiger machen. Werden nämlich die Innenwände angegriffen, können sich Plaques bilden, die die Gefäße verstopfen und damit einen Risikofaktor darstellen.

PASTINAKEN

Verdauungssystem
Pastinaken enthalten ein gewisses Kohlenhydrat, das für den süßlichen Geschmack verantwortlich ist. Es handelt sich um eine hoch wirksame prebiotische Substanz, die das Wachstum der Darmflora unterstützt. Wenn sich diese Darmbakterien reproduzieren und sich ihre Zahl erhöht, setzen sie Substanzen frei, die bei der Reparatur der Darmwände helfen und den Transport des Darminhalts beschleunigen.

PORREE

Verdauungssystem
Wie alle anderen Mitglieder der *Allium*-Familie (etwa auch Zwiebeln, Schnittlauch und Knoblauch) enthält auch Porree einen hohen Anteil der prebiotischen Verbindung Inulin. Inulin nährt die guten Darmbakterien, befähigt sie, sich zu vermehren und kräftigt sie: Das wiederum stärkt das Verdauungssystem.

Kreislauf & Herz
Die *Allium*-Familie liefert einen hohen Anteil an Schwefelverbindungen, die der Blutgerinnung entgegenwirken. Sie sollen auch einen positiven Effekt auf einen zu hohen Cholesterinwert im Blut haben.

ROTE BETE

Bluthochdruck
Der Roten Bete wurde in den letzten Jahren in klinischen Studien sehr viel Beachtung geschenkt. Besonders häufig wurde untersucht, welche Auswirkungen der Verzehr auf Bluthochdruck hat. Rote Bete enthält viele natürliche Nitrate. Der Körper wandelt sie in Stickoxid um. Es sorgt auf natürliche Weise dafür, dass sich die Muskeln in den Gefäßen entspannen – so weiten sich die Gefäße und unser Blutdruck sinkt.

Leber
Mehrere Studien belegen, dass β-Cyanin, das dunkel-violette Farbpigment in der Roten Bete, positive Auswirkungen auf die Leberfunktionen haben kann. Es erhöht den Anteil der Entgiftungsenzyme, die man in der Leber gefunden hat, insbesondere die Glutathionperoxidase. Diese ist daran beteiligt, Alkohol in der Leber abzubauen.

ROTKOHL

Entzündungen
Schon die dunkel-violette Farbe des Kohls lässt erahnen, dass dieser eine hoch wirksame Gruppe von Antioxidanzien liefert, die sogenannten Anthocyane. Sie entwickeln eine entzündungshemmende Aktivität, insbesondere im Verdauungs- und Herz-Kreislauf-System. Zudem können sie einige chemische Substanzen in Schranken weisen, die als Auslöser für Entzündungen gelten.

Kreislauf & Herz

Anthocyane stimulieren die Zellen an den Innenwänden der Blutgefäße, eine chemische Substanz freizusetzen, das Stickoxid. Dieses wiederum wirkt entspannend auf die Gefäßwände, was den Blutdruck senkt. Der Effekt ist nur kurzzeitig, doch wer an Bluthochdruck leidet, tut sich mit dem regelmäßigen Genuss von Rotkohl etwas Gutes.

SELLERIE

Schmerzlinderung

Trotz seines eher unauffälligen Aussehens ist Sellerie ein kraftvolles Gemüse: Es enthält die hoch wirksame Verbindung 3-n-Butylphtalid (kurz: 3NB), die schmerzlindernd ist. Natürlich ersetzt diese Substanz kein Schmerzmittel, aber Sellerie lässt sich gut in die Ernährung einbauen und erweist sich bei Leiden wie Arthritis, Verstauchungen und Verletzungen als hilfreich.

Harnwege

Sellerie enthält eine Reihe von Inhaltsstoffen, die harntreibend und entwässernd wirken. Die Cumarine verleihen dem Gemüse den besonderen Geschmack, dieselben Inhaltsstoffe sind es, die auch den besonderen Duft eines frisch gemähten Rasens ausmachen. Zusammen mit Kalium zu sich genommen, wird die entwässernde Wirkung noch gesteigert. Das Trinken von Selleriesaft ist also sinnvoll bei Harnwegsinfektionen und Bluthochdruck.

SHIITAKE-PILZE

Immunsystem

Shiitake-Pilze gehören zu den wenigen Pilzen, die die sehr wirksamen Polysaccharide (Kohlenhydrate) enthalten. In der Natur finden wir diese Zuckerverbindung oft, doch der Typ in den Shiitake-Pilzen gehört zu den sogenannten β-Glucanen, die über 40 Jahre erforscht wurden. Wir wissen mittlerweile, dass sie eine beachtliche Wirkung auf das Immunsystem haben. Sie regen die Produktion der weißen Blutkörperchen an sowie ihre Reaktion auf pathogene oder beschädigte Zellen. Schon eine kleine Menge dieser Substanzen pro Tag kann das Immunsystem auf Trab bringen und unsere Abwehrkräfte stärken.

Hohe Cholesterinwerte

Vor ein oder zwei Jahrzehnten wurde in den Shiitake-Pilzen die Substanz Eritadenin entdeckt. Man konnte feststellen, dass diese den Anteil des ‚schlechten‘ LDL-Cholesterins reduziert und des ‚guten‘ HDL-Cholesterins erhöht. Wahrscheinlich stimuliert sie die Leber, vorrangig HDL-Cholesterin zu bilden.

SOJABOHNEN

Fortpflanzungsorgane

Sojabohnen und hier vor allem die jungen grünen Sojabohnen (Edamame-Bohnen) sind die beste Quelle für Isoflavone. Die östrogenähnlichen Bestandteile können an Östrogenrezeptoren andocken und haben bei bestimmten Beschwerden wie etwa während der Menopause oder vor und während der Menstruation lindernde Wirkungen.

Hohe Cholesterinwerte

Die regelmäßige Zufuhr von Sojabohnen kann dazu beitragen das ‚schlechte‘ LDL-Cholesterin in seine Schranken zu weisen.

SPARGEL

Harnwege

In Asien ist Spargel seit Jahrhunderten eine traditionelle Medizin. Die Stangen enthalten die Verbindung Asparagin, die anregend auf die Nieren und harntreibend wirkt. Das kann bei Bluthochdruck und Wasseransammlungen sehr nützlich sein.

Entzündungen

Eine im Spargel entdeckte chemische Substanz, das Racemofuran, soll eine leicht entzündungshemmende Wirkung entfalten.

SPINAT

Haut

Spinat liefert Vitamin C, Protein und Eisen. Zudem enthält das Gemüse eine respektable Menge an β-Carotin, ein hoch wirksames Antioxidans. Auf natürliche Weise gelangt diese Substanz schnell in die tieferen Fettschichten der Haut, um dort die Kollagen- und Bindegewebsfasern vor Angriffen und Schädigungen zu bewahren.

SPIRULINA-ALGEN

Haut & Nervensystem

Spirulina-Algen sind sehr nähr-

stoffreiche Algen, die eine hohe Menge an B-Vitaminen zur Verfügung stellen. B-Vitamine sind wichtig für den Kohlenhydratstoffwechsel, sorgen für gesunde Haut und tragen dazu bei, dass Aktivitäten des zentralen Nervensystems gesteuert werden.

Energiemangel
Spirulina-Algen sind eine wertvolle vegane Proteinquelle. Sie bestehen aus 60–70 % Protein und liefern die volle Bandbreite essenzieller Aminosäuren, die unser Körper benötigt. Ihre B-Vitamine helfen, Kohlenhydrate abzubauen und in Energie umzuwandeln.

SÜSSKARTOFFELN

Immunsystem
Sie liefern ein einzigartiges ‚Vorratsprotein', ein Protein, das die Pflanze in bestimmten Stadien ihres Wachstums selbst als Nahrungsquelle nutzt. Chinesische Studien haben gezeigt, dass dieses Protein die Produktion weißer Blutkörperchen anregen kann und so die körpereigene Abwehr unterstützt.

Haut
Süßkartoffeln liefern hoch wirksame Carotinoide, Pflanzenstoffe, die für ihre leuchtend gelborange Farbe sorgen. Sie schützen die Haut vor Schädigungen und haben gleichzeitig eine entzündungshemmende Wirkung.

TOMATEN

Kreislauf & Herz
Tomaten sind ein wichtiger und gesundheitsförderlicher Bestand-teil mediterraner Kost. Sie liefern zwei hoch wirksame Antioxidanzien: Vitamin C und Lycopin. Letzteres ist ein Carotinoid, das auch für die rote Farbe der Tomate verantwortlich ist. Es ist gut fürs Herz, denn es verringert die Lipidperoxidation, Zellaktivitäten, die die Wände der Blutgefäße schädigen, unter anderem zu Plaques führen und so einem Herzinfarkt Tür und Tor öffnen können.

Prostata
Mittlerweile ist bekannt, dass Lycopin auch Auswirkungen auf die Funktion der Prostata haben könnte. Auf jeden Fall treten innerhalb von Populationen, bei denen sehr viele Tomaten und damit Lycopin verzehrt wird, nachweislich weniger Prostatabeschwerden auf.

TOPINAMBUR

Verdauungssystem
Topinambur wirkt wie ein Katalysator für die Verdauung. Topinambur liefert sehr viele sogenannte Fructo-Oligosaccharide (FOS) sowie Inulin. Beide Verbindungen wirken prebiotisch, das heißt, sie sind eine Quelle für die nützlichen Darmbakterien. Werden diese Bakterien von Topinambur genährt, erhöht sich ihre Zahl. Diese ‚guten' Bakterien beeinflussen die Darmgesundheit vielfältig: Sie verbessern den Transport des Darminhalts und sorgen dafür, dass Schäden an den Darmwänden schnell wieder repariert werden, ja, sie stellen sogar selbst gewisse Nährstoffe her.

ZWIEBELN

Allergien
Alle Zwiebeln liefern sehr viel Quercetin, eine Verbindung, die einen leichten Antihistamin-Effekt hat, also gegen allergische Reaktionen wirkt. Bei einer Allergie setzen weiße Blutkörperchen lokal Histamin frei, das zu einer Entzündung und Reizung führt.

Asthma
Zwiebeln, insbesondere rote, enthalten mehrere Verbindungen, die eine Entzündung lindern können. Dies betrifft vor allem Entzündungen der Atemwege; insofern können die Inhaltsstoffe von Zwiebeln auch bei Asthma hilfreich sein.

Verdauungssystem
Wie alle Mitglieder der *Allium*-Familie enthalten auch Zwiebeln sehr viel Inulin, ein potentes Prebiotikum: Es erhöht die Zahl der ‚guten' Darmbakterien und trägt auf diese Weise zu einem gesunden Funktionieren des Verdauungssystems bei.

EIER, MILCHPRODUKTE & FISCH

ANCHOVIS

Kreislauf & Herz
Anchovis enthalten einen hohen Anteil an Omega-3-Fettsäuren, die zu einem gesunden Gesamtcholesterinwert beitragen. Sie schützen die Innenwände der Blutgefäße vor Schädigungen, die eine Folge von entzündlichen Prozessen sind.

Asthma & Ekzeme

Omega-3-Fettsäuren unterstützen den Körper darin, eigene natürliche entzündungshemmende Verbindungen zu produzieren. Diese gesunden Fette spielen bei allen entzündlichen Vorgängen eine Rolle, auch bei Asthma, Ekzemen und Arthritis.

Knochen & Gelenke

Anchovis liefern hochwertige Minerale, deshalb empfehle ich ihren Verzehr auch bei Osteoporose. Sie enthalten sehr viel Kalzium, Magnesium, Phosphor und Vitamin D. All diese Substanzen tragen zur Bildung einer höheren Knochendichte bei.

EIER

Kreislauf & Herz

Eier haben wegen ihres Cholesterinwerts einen schlechten Ruf, doch sie sind nun einmal die beste Proteinquelle, denn ihr Protein ist zu 100 % verwertbar. Eier liefern zudem sehr viel Betain, ein Nährstoff, der das sogenannte Homocystein (eine schwefelhaltige Aminosäure) reduzieren kann. Dieses steht in Verdacht, in zu hoher Konzentration Auslöser für Herzinfarkte zu sein.

Nervensystem

Eier liefern außerdem reichlich Cholin, das die strukturelle Unversehrtheit der Fette, welche die Nervenzellen umgeben, zu erhalten hilft. Bei Störungen im Nervensystem kann Cholin eventuell Schäden vorbeugen. Cholin ist außerdem auch als ein Wirkstoff der Galle bekannt.

FETA

Verdauungssystem

Guter Feta wird mit Schafsmilch zubereitet. Diese wird vom Magen-Darm-Trakt meist sehr gut vertragen und führt aufgrund anderer Inhaltsstoffe in weit weniger Fällen zu Magenbeschwerden, als es bei Kuhmilch der Fall ist – es kommt aber auf den Einzelfall an, der vor dem Genuss unbedingt zu prüfen ist. Der Verzehr von Schafsmilch kann die Lösung sein. Sprechen Sie jedoch mit Ihrem Arzt darüber.

GARNELEN

Haut

Garnelen sind unglaublich reich an zwei wichtigen Mineralstoffen: Zink und Selen. Zink steuert unter anderem die ölproduzierenden Drüsen in der Haut – ist die Haut zu fettig oder zu trocken, kann etwas mehr Zink zur Herstellung eines Gleichgewichts beitragen. Auch für die Wundheilung ist Zink unerlässlich, denn es steuert die Aktivität der an Heilungsprozessen beteiligten weißen Blutkörperchen.

Auch Selen fördert die Wundheilung und lindert Entzündungen. Garnelen enthalten zudem das fettlösliche Antioxidans Astaxanthin, das ihnen ihre typische rosa Farbe verleiht. Astaxanthin lagert sich in der Fettschicht der Haut ab, dort kann es wirksam gegen vorzeitige Alterung und bei Entzündungen agieren. Wer unter Akne, Ekzemen oder Schuppenflechte leidet, sollte meines Erachtens regelmäßig Garnelen essen.

Immunsystem

Der hohe Zinkanteil in Garnelen macht sie zu einem Nahrungsmittel, welches das Immunsystem stärken kann. Zink steuert die Prozesse innerhalb der weißen Blutkörperchen, die für eine gute Abwehr unerlässlich sind. Auf diese Weise können die Zellen Angreifern gegenüber kraftvoll reagieren.

HERINGE

Arthritis, Ekzeme & Asthma

Heringe sind sehr fett, sie enthalten viele Omega-3-Fettsäuren. Diese unterstützen den Körper in der Eigenproduktion entzündungshemmender Stoffe.

Kreislauf & Herz

Omega-3-Fettsäuren sind wichtig für die Herzgesundheit. Sie schützen die Blutgefäße vor entzündlichen Schädigungen. Sie senken den Anteil des schädlichen LDL-Cholesterins und erhöhen im Gegenzug den Anteil des positiv wirkenden HDL-Cholesterins. Auch bei der Reduzierung von Blutgerinnseln spielen sie eine wichtige Rolle, da sie die Gefäße erweitern und die Verklumpung von Blutplättchen verhindern.

Rachitis & Osteoporose

Fetter Fisch wie Hering liefert sehr viel Vitamin D, ein Vitamin, an dem häufig ein Mangel herrscht. Das Vitamin unterstützt die Aufnahme von Kalzium. Ein Mangel an Vitamin D in Kinderjahren kann eine Rachitis zur Folge haben. Fehlt das Vitamin im Erwachsenenalter, besteht Gefahr für Osteoporose.

JOGHURT

Verdauungs- & Immunsystem
Bakterien in probiotischem Joghurt können positiv wirkende Darmbakterien auf natürliche Weise unterstützen. Diese Darmbakterien fördern auf vielerlei Weise eine gesunde Verdauung. Darüber hinaus stärken sie in einigen Bereichen die körpereigene Abwehr.

LACHS

Kreislauf & Herz
Lachs liefert reichlich Omega-3-Fettsäuren. Diese Fette tragen zu einem ausgeglichenen Cholesterinspiegel im Blut bei und schützen die Blutgefäße vor entzündlich bedingten Schädigungen. Letztere können das Risiko für einen Herzinfarkt erhöhen. Omega-3-Fettsäuren stehen auch in dem Ruf, einen positiven Einfluss in der Bekämpfung von Blutgerinnseln zu haben.

Arthritis, Ekzeme & Asthma
Der Körper verwandelt Omega-3-Fettsäuren in entzündungshemmende Substanzen, die entsprechende Prozesse abwehren können.

Nervensystem
Für Gehirn und Nervensystem sind Omega-3-Fettsäuren essenzielle Vitalstoffe. Nervenzellen besitzen eine äußere Membran aus fetthaltigem Material, die Myelin genannt wird. Zum Versenden und Empfangen von Informationen ist diese von großer Bedeutung. Damit die Membran nicht beschädigt wird, ist sie auf ständigen Nachschub an Omega-3-Fettsäuren angewiesen.

MAKRELEN

Arthritis, Ekzeme & Asthma
Makrelen liefern sehr große Mengen an Omega-3-Fettsäuren, die den Körper bei der Bildung entzündungshemmender Substanzen unterstützen.

Kreislauf & Herz
Omega-3-Fettsäuren haben einen positiven Effekt auf die Cholesterinwerte und schützen zudem die Innenwände der Blutgefäße vor entzündlich bedingten Schädigungen.

Osteoporose & Rachitis
Fetter Fisch, besonders Makrelen, liefert sehr viel Vitamin D. Um Kalzium optimal verwerten zu können, ist unser Körper auf die regelmäßige Zufuhr des Vitamins angewiesen. Unter dem Einfluss von Sonnenlicht kann der Organismus Cholesterin in Vitamin D verwandeln. Die Sonne ist somit die Hauptquelle für die Vitamin-D-Produktion. Daneben gibt es einige Lebensmittel wie etwa Makrelen, die dieses Vitamin liefern.

SARDINEN

Kreislauf & Herz
Sardinen liefern wie Hering, Lachs und Makrelen wertvolle Omega-3-Fettsäuren für unsere Gesundheit.

THUNFISCH

Kreislauf & Herz
In Studien wurde herausgefunden, dass Thunfisch eine positive Wirkung auf den Cholesterinspiegel hat. Das liegt an dem hohen Anteil an Omega-3-Fettsäuren in frischem Thunfisch. Aber Thunfisch aus der Dose ist keine gute Omega-3-Quelle, da die Öle herausgepresst werden und der Industrie für Nahrungsmittelergänzungsprodukte zur Verfügung gestellt werden. Thunfisch aus der Dose ist aber zumindest eiweißreich.

Haut
Thunfisch liefert das Spurenelement Selen. Das Mineral ist für die Produktion körpereigener Antioxidanzien eine wichtige Grundlage. Selen hat positive Effekte auf die Hautgesundheit und verfügt zudem über gute entzündungshemmende Eigenschaften.

ZIEGENKÄSE

Verdauungssystem
Ziegenkäse besitzt dieselben Vorzüge wie Feta. Meist wird er von Menschen, die an einer Kuhmilchunverträglichkeit leiden, sogar noch besser vertragen. Den Arzt befragen!

GETREIDE & HÜLSENFRÜCHTE

BULGUR

Stress
Bulgur liefert sehr viele B-Vitamine. Diese wichtigen Nährstoffe sind in der westlichen Ernährung manchmal nicht ausreichend vorhanden, hauptsächlich weil ein Großteil bei Stress rasch vom Körper verbraucht wird. Deshalb fühlen wir uns nach

Stress-Situationen erschöpft. B-Vitamine steuern eine Vielzahl von Funktionen in Nervensystem und Nebennieren. Ebenso von Bedeutung sind sie, um Energie spendende Bestandteile aus unserer Nahrung zu lösen.

Hohe Cholesterinwerte & Verdauungssystem

Bulgur liefert Ballaststoffe und ist deshalb für die Gesundheit des Verdauungstraktes und die des Herzens wichtig. Ballaststoffreiche Nahrung transportiert schädliches Cholesterin aus dem Darm, bevor es vom Körper aufgenommen werden kann.

HAFER

Kreislauf & Herz

In Hafer steckt der lösliche Ballaststoff β-Glucan. Klinische Untersuchungen haben erwiesen, dass dieser den Cholesterinspiegel im Darm senken kann. Er bindet sich ganz einfach an das von der Leber freigesetzte Cholesterin. Danach transportiert er dieses durch den Darm, bevor es die Chance hat, in den Blutkreislauf zu gelangen.

Verstopfung

Sein hoher Ballaststoffanteil macht Hafer zu einem verdauungsfördernden Lebensmittel. Die Ballaststoffe binden Wasser und schwellen an, auf diese Weise wird der Darminhalt größer und umfangreicher. Das wiederum stimuliert die Rezeptoren an den Darminnenwänden, die Muskulatur zieht sich zusammen (Peristaltik), sodass der Stuhl leichter und effektiver transportiert werden kann.

Stress

Hafer liefert sehr viele B-Vitamine, die gerade in Stresszeiten wichtig sind. Sie unterstützen die Nebennierenfunktion und das Nervensystem und sind zudem essenziell wichtig für die Energieproduktion auf Zellebene. Unter Stress sind Energiereserven schnell verbraucht und wir fühlen uns völlig erschöpft.

KICHERERBSEN

Fortpflanzungsorgane

In Kichererbsen stecken sehr viele Isoflavone, die Ähnlichkeit mit der chemischen Struktur des Hormons Östrogen aufweisen. Wer Probleme mit der Regelblutung und klimakterische Beschwerden hat, kann sich durch den regelmäßigen Genuss von Kichererbsen eventuell Linderung verschaffen.

Haut

Wie alle Hülsenfrüchte liefern Kichererbsen sehr viel von dem gesunden und essenziell wichtigen Spurenelement Zink.

NATURREIS

Verstopfung

Wie andere ballaststoffreiche Lebensmittel erhöht Naturreis das Stuhlvolumen und fördert so den rascheren Transport durch den Verdauungstrakt.

Diabetes

Naturreis hat einen niedrigen glykämischen Index, das heißt, seine Energie wird nur langsam freigesetzt. Auf diese Weise bleibt der Blutzuckerspiegel stabil. Verbindet man die Mahlzeit mit einem mageren Protein, wird sehr langsam Energie abgegeben – eine ideale Kombination für Diabetiker.

Hohe Cholesterinwerte

Die Ballaststoffe im Naturreis unterstützen den Transport von Cholesterin aus dem Darm und verringern so die Menge, die in den Blutkreislauf gelangt. Im Naturreis befindet sich eine Verbindung, die γ-Oryzanol genannt wird. Die Verbindung soll das ‚schlechte‘ LDL-Cholesterin senken können.

QUINOA

Diabetes & Blutzucker

Quinoa, ein Getreide, das ursprünglich aus Südamerika stammt, hat einen hohen Proteingehalt und enthält alle essenziellen Aminosäuren, die unser Körper benötigt. Im Gegensatz zu anderen Getreidesorten liefert Quinoa wenige Kohlenhydrate und hat deshalb einen geringen glykämischen Index. Die Energie wird langsam ins Blut abgegeben, es entstehen keine Blutzuckerspitzen. Quinoa ist eine Alternative zu Reis und sein Verzehr empfehlenswert, um den Blutzuckerspiegel im Gleichgewicht zu halten.

ROTE LINSEN

Hohe Cholesterinwerte

Rote Linsen liefern sehr viele lösliche Ballaststoffe. Das ist nicht nur gut für die Verdauung, sondern trägt auch dazu bei, dass Cholesterin rascher aus dem Darm abtransportiert wird.

Auf diese Weise gelangt weniger Cholesterin vom Darm in den Blutkreislauf.

Verstopfung
Der hohe Ballaststoffanteil unterstützt die Verdauung.

NÜSSE & SAMEN

KOKOSNUSS

Erkältung & Fieber
Kokosöl geriet wegen seines Gehalts an gesättigten Fetten in Verruf. Doch dies ist ungerechtfertigt, da diese Fette von Nutzen sein können. Es sind die besten Fette, um sie zu erhitzen, denn sie verwandeln sich dabei nicht in schädliche Trans-Fettsäuren (sie erhöhen unter anderem LDL-Cholesterinwerte). Eines der bedeutendsten Fette im Kokosfett ist die sogenannte Laurinsäure, der virenhemmende Wirkung zugeschrieben wird. Sie verhindert, dass Viren in die Zellen dringen und sich dort vervielfältigen.

KÜRBISKERNE

Hohe Cholesterinwerte
Kürbiskerne enthalten eine Verbindung, β-Sitosterin genannt, die in einer Vielzahl von Studien verhindert hat, dass Cholesterin über den Darm aufgenommen wird.

Akne
In den Kürbiskernen steckt sehr viel Zink, ein Spurenelement, das die Funktion der Talgdrüsen steuert. Die Zufuhr von Zink kann bei fettiger Akne-Haut sinnvoll sein.

LEINSAMEN

Entzündungen
Dank ihres hohen Anteils an Omega-3-Fettsäuren können Leinsamen eine beachtliche entzündungshemmende Aktivität entwickeln. Sie unterstützen den Körper darin, eigene entzündungshemmende Substanzen zu produzieren und unterbinden die Produktion entzündlicher Verbindungen.

PARANÜSSE

Allergien & Entzündungen
Paranüsse werden wegen ihres hohen Fettanteils manchmal in die ungesunde Ecke gestellt. Doch das ist ein großer Fehler – sie liefern einen hohen Anteil an Selen, das in unserem Körper mehrere Funktionen erfüllt, so spielt es eine große Rolle bei der Immunreaktion auf Allergien. Selen erhöht die körpereigene Produktion von Antioxidanzien.

WALNÜSSE

Kreislauf & Herz
Aus zwei Gründen sind Walnüsse gesund fürs Herz. Zum einen liefern sie viel Vitamin E, das Ablagerungen in den Blutgefäßen entgegenwirken können soll. Wer regelmäßig Vitamin-E-haltige Lebensmittel isst, unterstützt den körpereigenen Schutz vor Schlaganfällen und Herzinfarkten. Walnüsse liefern zudem Omega-3-Fettsäuren, die ebenso wirken und dazu beitragen, dass zwischen LDL- und HDL-Cholesterin ein gesundes Gleichgewicht herrscht.

GEWÜRZE, KRÄUTER & AROMEN

ANIS

Blähungen
Anis wird seit jeher zur Verbesserung der Verdauung eingesetzt. Anissamenöl und das darin enthaltene Anethol, das für den Geschmack verantwortlich ist, kann die Muskeln des Verdauungstraktes entspannen. Zudem wird Anissamenöl als karminativ beschrieben, das heißt, es lindert Blähungen.

Husten
Anethol soll zudem schleimlösend wirken und die Atemwege bis in die Lungen befreien. Das kann bei trockenem Reizhusten Erleichterung bringen.

BASILIKUM

Verdauungssystem
Basilikum hat eine komplexe Chemie und die Inhaltsstoffe des Basilikumöls entspannen die Muskelwände des Dünndarms. So lässt sich Krämpfen und Blähungen vorbeugen.

CHILI

Bluthochdruck & Kreislauf
In Chilis steckt eine wirkungsvolle pflanzliche Substanz, die Capsaicin genannt wird. Sie macht Chilis scharf. Capsaicin stimuliert die Zellen an den Innenwänden unserer Gefäße, die Chemikalie Nitritoxid abzusondern (die Zellen produzieren diese ständig, doch das Capsaicin fördert die Produktion).

Nitritoxid regt die Muskeln in den Blutgefäßen an, sich zu entspannen, so weiten sie sich. Das hat zwei Vorteile: Zum einen sinkt der Blutdruck bei geweiteten Gefäße, zum zweiten verbessert sich die Blutzirkulation in Armen und Beinen.

Schmerzlinderung

Das Capsaicin hat eine schmerzstillende Wirkung. Die Schärfe der Chilis regt die Freisetzung körpereigener Endorphine an, das wiederum kann unsere Schmerzempfindlichkeit reduzieren. Zudem reduziert es den Anteil einer chemischen Substanz, die von den Nerven freigesetzt wird und Schmerzsignale transportiert.

HONIG

Es ist besser, mit Honig zu süßen als mit raffiniertem Zucker, da die Energie aus dem Honig dem Körper nur langsam zur Verfügung gestellt wird und neben Kalorien auch noch Nährstoffe liefert. Honig hat außerdem antioxidative und entzündungshemmende Eigenschaften.

Immunsystem

Honig hat antibakterielle Eigenschaften, das heißt, er kann das Wachstum von Bakterien stoppen. Wird er oberflächlich aufgetragen, erzeugt die dichte Zuckerkonzentration in Honig eine Umgebung, die die Aktivität der Bakterien hemmt. Deshalb werden in Krankenhäusern immer noch Honigpflaster verwendet, um Infektionen bei Druckgeschwüren und venösen Geschwüren zu heilen. Honig ent-

hält zudem eine ganze Bandbreite anderer Verbindungen wie Harz, Polyphenole, Kaffeesäuren und viele mehr. Alle wirken virenhemmend und unterstützen die körpereigene Abwehr.

INGWER

Entzündungen

Ingwer ist unter den medizinisch wirkenden Nahrungsmitteln wichtig. Er besitzt hoch wirksame entzündungshemmende Wirkstoffe. Die scharfen essenziellen Öle, die ihm seinen Geschmack verleihen, können nachweislich chemische Reaktionen bei entzündlichen Prozessen unterbrechen.

Übelkeit

Schon seit langem wird Ingwer als mildes Heilmittel gegen Übelkeit gerühmt. Er hilft zudem bei Morgenübelkeit. Viele glauben, seine Inhaltsstoffe regten die Verdauungssäfte zu erhöhter Produktion an, doch die Wirkungsweise ist noch nicht hinreichend erforscht.

KAKAO

Das Wort ‚Kakao' ist zurückzuführen auf ‚cacao', den botanischen Namen für die Nuss, aus der Schokolade hergestellt wird. Dieses Nahrungsmittel ist das wohl nährstoffreichste Lebensmittel überhaupt. Rohes Kakaopulver unterscheidet sich von dem Kakaopulver aus dem Supermarkt. Im rohen und unverarbeiteten Zustand enthält es über 1500 gesundheitsförderliche Substanzen. Zu normalem Ka-

kaopulver verarbeitet bleiben davon nur noch fünf übrig, darunter Koffein.

Kreislauf & Herz

Kakao enthält einen hohen Anteil an Flavonoiden, Wirkstoffe, die sehr gut erforscht sind. Man weiß, dass sie die Zellen in den Wänden der Blutgefäße stimulieren, hohe Mengen von Stickoxid freizusetzen. Das wiederum wirkt entspannend auf die Muskeln der Blutgefäße. In entspanntem Zustand weiten sie sich, das senkt den Blutdruck. Kakao liefert zudem reichlich Magnesium, das darüberhinaus auch die glatte Muskulatur der Gefäße entspannt.

Stimmung & Nervensystem

Roher Kakao enthält sehr wertvolle Verbindungen, die Einfluss auf Geist und Stimmungszustand haben. Anandamid, das auch natürlich im Gehirn hergestellt wird, kurbelt die Motivation an und soll stimmungsaufhellend wirken. Phenylethylamin (kurz PEA) wirkt ebenfalls positiv auf die Stimmungslage. Auch in ganz normaler Schokolade steckt diese Substanz, allerdings in wesentlich geringerer Konzentration als in rohem Kakao. Bevor PEA ins Gehirn dringt, muss es in Enzyme gespalten werden.

KARDAMOM

Blähungen

Gegen Blähungen ist Kardamom, wie andere aromatische Gewürze auch, ein echter Glücksfall. Die essenziellen Öle, die für seinen göttlichen Geschmack verantwortlich sind, reduzieren die Entstehung von Gasen und steuern den natürlichen Rhythmus der Darmkontraktionen. Wer Schwierigkeiten damit hat, findet durch den Genuss von Kardamom Erleichterung.

KNOBLAUCH

Kreislauf & Herz
Knoblauch entwickelt eine einzigartige Aktivität im Körper. Er enthält die hoch wirksamen Ajoene, die mit dem sogenannten ‚plättchenaktivierenden Faktor' interagieren. Diese Verbindung reguliert das Maß der Blutzellengerinnung. Einige Chirurgen und Zahnärzte empfehlen ihren Patienten, einige Tage vor dem Eingriff keinen Knoblauch zu essen, weil dieser die Blutungsgefahr erhöht. Knoblauch schafft durch seine Wirkung Schutz vor Blutgerinnseln und schützt damit vor Herzinfarkt und Schlaganfall.

Erkältung & Fieber
Knoblauch liefert einige kraftvolle essenzielle Öle – sie sind verantwortlich für den schlechten Mundgeruch nach dem Verzehr. Die Rückstände dieser Öle gelangen nur über den Atem aus dem Körper, der normale Weg über den Darm oder den Urin funktioniert in diesem Fall nicht. Wenn wir diese Öle ausatmen, bewegen sie sich durch den Atmungstrakt und können Bazillen und Viren töten, auch solche, die für Erkältungen und Fieber verantwortlich sind.

Entzündungen
Roher Knoblauch hat eine bemerkenswerte entzündungshemmende Wirkung. Das liegt an dem Inhaltsstoff Diallyldisulfid (DADS), der sich leider beim Garen verflüchtigt.

KORIANDER

Verdauungssystem
Koriander wird oft dank seiner ätherischen Öle lindernd gegen bestimmte Leiden wie Blähungen oder Übelkeit eingesetzt.

KURKUMA

Entzündungen
Kukurma ist unter den medizinisch wirkenden Lebensmitteln ein Multitalent. Seine Inhaltsstoffe, die dem Gewürz seine leuchtend orange Farbe verleihen, nennt man Curcuminoide. Seit Jahrzehnten werden diese Verbindungen erforscht. Wir wissen, dass sie ein Enzym blockieren, das die Entstehungsursache für Entzündungen ist.

Leber
Die Curcuminoide können auch die Leber schützen. Sie helfen, die Leberzellen vor Entzündungen und Schädigungen durch Alkohol und andere Schadstoffe zu schützen.

Kreislauf & Herz
Inhaltsstoffe der Kurkuma sollen auch an der Regulierung der Blutgerinnung beteiligt sein, was wiederum einen gewissen Schutz vor Herzinfarkt und Schlaganfall bietet.

MEERRETTICH

Asthma & Husten
Meerrettich soll schleimlösend wirken, das heißt, er macht die Atemwege frei. Das kann bei leichten Asthmasymptomen wie bei Husten hilfreich sein, ist aber niemals ein Ersatz für Medikamente. Bei einer Erkrankung sollte unbedingt ein Arzt aufgesucht werden.

Atemwegsinfektionen
Der würzige Inhaltsstoff des Meerrettichs wirkt zudem wie ein mildes Reizmittel im oberen Atmungstrakt. Es regt die Schleimhäute an, einen dünneren Schleim zu produzieren. Dieser wiederum verdrängt den dickeren Schleim, der sich im Verlauf einer Infektion bildet.

MINZE

Blähungen
Essenzielle Öle in der Minze, etwa das Menthol, entspannen die Wände des Verdauungstraktes, zerstören Gase und vertreiben sie. Bei leichten Blähungen ist Minze ein schnelles Heilmittel.

OLIVENÖL

Kreislauf & Herz
Seit Jahrhunderten wird Olivenöl in vielen Kulturen als gesundes Nahrungsmittel gepriesen. Moderne Forschungen haben einen Teil der heilsamen Effekte bestätigen können. Olivenöl liefert viele Omega-9-Fettsäuren, die, so beweisen Studien, den Cholesterinspiegel senken und auf diese Weise das Verhältnis zwischen LDL- und HDL-Cholesterin regulieren. Zudem enthält Olivenöl Polyphenole, die dazu beitragen, die Plättchenverklumpung des Blutes, also die Blutgerinnung, zu reduzieren.

Arthritis, Ekzeme & Asthma
Jeder, der an einer entzündlichen Erkrankung leidet, sollte besser Olivenöl zum Kochen verwenden. Heutzutage verwendet man vor allem pflanzliche, ungesättigte Öle, die Omega-6-Fettsäuren enthalten. Omega-6 ist eine wichtige Fettsäure, doch wenn wir unserem Körper zu viel davon zuführen, kann dies unter Umständen zu schwachen Entzündungen oder zur Verschlimmerung entzündlicher Krankheiten wie Arthritis führen. Essen Sie weniger Omega-6-, dafür mehr Omega-3-Fettsäuren, die entzündungslindernd wirken. Olivenöl liefert vor allem ungesättigte Omega-9-Fettsäuren.

PETERSILIE

Nieren & Harnwege
Petersilie liefert sehr viel Vitamin C. Der Verzehr des Krautes erweist sich als sinnvoll bei Wasseransammlungen oder bei Harnwegsinfektionen wie Blasenentzündungen und unterstützt bei Unterkühlung die Nierenfunktion. In Petersilie steckt ein essenzielles Öl, das auf das Filtersystem der Nieren (Nephron) als mildes Reizmittel wirkt. Mehr Flüssigkeit passiert das Filtersystem und damit wird mehr Urin ausgeschieden.

PFEFFER

Verdauungssystem
Schwarzer Pfeffer soll gut bei Verstopfung wirken, weil er die Peristaltik, also die rhythmischen Bewegungen des Darms, leicht stimuliert. In der Ayurveda-Medizin wird Pfeffer auch als appetitanregendes Mittel eingesetzt.

ROSMARIN

Entzündungen
Rosmarin liefert in geringer Menge die entzündungshemmend wirkende Verbindung Rosmarinsäure. Sie blockiert Verbindungen, die für die entzündliche Reaktion verantwortlich sind.

Bluthochdruck & Kreislauf
Die essenziellen Öle im Rosmarin sollen bewirken, dass sich die Blutgefäße weiten. Dadurch sinkt der Druck im Inneren der Gefäße, das heißt also, der Blutdruck sinkt. Somit wird der gesamte Organismus entlastet und damit auch anderen Erkrankungen vorgebeugt.

Zudem bewirken die essenziellen Öle eine bessere Durchblutung von Armen und Beinen. Deshalb wurden und werden traditionell kalte Finger und Zehen und die Raynaud-Krankheit (Gefäßerkrankung mit starken Durchblutungsstörungen) zusätzlich mit Rosmarin behandelt. Außerdem soll Rosmarin die Gedächtnisleistung erhöhen, wozu jedoch ein Beweis aussteht.

SALBEI

Blähungen
Die Öle in Salbei, die ihm seinen unverwechselbaren Geschmack verleihen, sind hoch wirksam gegen Blähungen und lösen Verdauungsbeschwerden.

THYMIAN

Nervensystem
Eine Verbindung im Thymian soll die Menge der DHA (Docosahexaensäure), eine essenzielle Fettsäure im Nervengewebe, erhöhen. Das Fett ist Bestandteil des Nervengewebes und zu niedrige Mengen können die Funktionen jeder Nervenzelle stören.

Bakterielle Infektionen
Thymian ist stets die erste Wahl bei Atemwegsinfektionen in den oberen Luftwegen und Halsentzündungen. Thymol, das Öl des Thymians, besitzt antibakteriell hoch wirksame Eigenschaften, wie Studien belegt haben.

ZIMT

Stoffwechsel & Blutzuckerwerte
Der Verzehr von Zimt soll eine wichtige Rolle bei der Regulierung des Blutzuckergleichgewichts spielen. Man glaubt, Verbindungen im Zimt machen Zellen auf gewisse Weise insulinempfänglicher. Das Hormon Insulin befiehlt Zellen, Energie aus Kohlenhydraten zu aufzunehmen.

ZITRONENGRAS

Bluthochdruck & Kreislauf
Die Öle im Zitronengras sorgen für ein unverkennbares Aroma, die viele leichte Gerichte bereichern können. Sie sollen aber auch dazu beitragen, die Muskelwände der Blutgefäße zu entspannen. Das macht die Gefäße weiter, senkt den Druck im Gefäßinneren und die gesamte Durchblutung des Körpers verbessert sich.

REZEPTE

Frühstück & Brunch

Es stimmt: Das Frühstück ist die wichtigste Mahlzeit des Tages. Zur Zubereitung sollten hochwertige Produkte verwendet werden. Stellen Sie sicher, dass Sie alles im Haus haben.

Jetzt sagen Sie vielleicht, morgens hätten Sie keinen großen Hunger. Aber zumindest sollten Sie morgens ein Stück Obst essen, um Ihren Blutzuckerspiegel aufzuladen und den Stoffwechsel aus seinem Schlummer zu holen. Die folgenden Rezepte sind hervorragend für die erste frühe Tagesmahlzeit geeignet, schmecken jedoch auch am Vormittag. Sie lassen sich leicht auch für zwei oder vier Personen zubereiten. Dann verdoppeln oder vervierfachen Sie einfach die Zutaten.

Spinat-Feta-Rührei Ein großartiger Start in den Tag, der gleich drei meiner Lieblingszutaten enthält. Das Frühstück liefert sehr viele Nährstoffe und sorgt dafür, dass Sie bis mittags geistig fit und rege sind.

Für 1 Person
½ EL Olivenöl
2 Handvoll junge Spinatblätter
2 große Bio-Eier
100 g Feta, gewürfelt
½ Bund Schnittlauch, in
   Röllchen geschnitten
Meersalz und frisch gemahlener schwarzer Pfeffer

In einer Pfanne ½ EL Olivenöl bei mittlerer Temperatur erhitzen. Die Spinatblätter zugeben und 3–4 Minuten dünsten, bis die Blätter etwas zusammengefallen sind.

Die Eier in einer Schüssel aufschlagen, mit Salz und Pfeffer würzen und verrühren. Eier zum Spinat in die Pfanne gießen und den gewürfelten Feta zugeben. Bei mittlerer Temperatur unter Rühren stocken lassen, bis ein Rührei entsteht. Mit Schnittlauchröllchen bestreuen und sofort servieren.

Frühstücksriegel

Diese Riegel sind gut, wenn Sie morgens nichts Schweres essen können. Die Riegel besitzen einen niedrigen glykämischen Index und liefern wertvolle komplexe Kohlenhydrate, Proteine und lebenswichtige gute Fette. Damit sind Sie für den Tag gewappnet! Gojibeeren gibt es in gut sortierten Supermärkten oder im Reformhaus.

FÜR 6–8 RIEGEL

2 EL Honig zzgl. etwas zum Beträufeln
4 EL Kokosfett
3 EL Erdnussbutter (hochwertiges Produkt, ohne Salz und Zucker)
280 g Haferflocken
3 EL Leinsamen
1 EL Kürbiskerne
1 EL Gojibeeren
2 EL gehackte Datteln
1 EL gehackte getrocknete Feigen
leichtes Olivenöl zum Einfetten

Den Backofen auf 180 °C vorheizen und eine Backform (23 cm Durchmesser) einfetten.

Honig, Kokosfett und Erdnussbutter in einen Topf geben und bei schwacher Hitze verrühren. Den Topf vom Herd nehmen, die restlichen Zutaten (einige Samen und Datteln zum Bestreuen beiseitelegen) zugeben und das Ganze zu einer klebrigen Mischung verrühren. Die Paste in der Form verstreichen. Mit Samen und Datteln bestreuen.

Im vorgeheizten Backofen auf mittlerer Stufe 10–15 Minuten backen, die Mischung sollte dann goldbraun sein. Vollständig abkühlen lassen, dann in Stücke oder Streifen schneiden. In einer Dose aufbewahrt halten sich die Riegel 1 Woche. Nach Belieben vor dem Verzehr mit etwas Honig beträufeln.

Joghurt-Beeren-Becher

Ein schnelles Frühstück, das trotzdem alles beinhaltet, um Sie zu vitalisieren: komplexe Kohlenhydrate, Vitamine und Mineralstoffe, einen niedrigen glykämischen Index ... und es sieht auch noch umwerfend gut aus! Je nach Größe des Glases und geschmacklichen Vorlieben können die Zutatenmengen variieren. Sie können daraus ein großes, aber auch ein kleines Frühstück zaubern.

FÜR 1–100 PERSONEN
frische Beerenfrüchte (Heidelbeeren, klein geschnittene Erdbeeren, Brombeeren oder worauf Sie Lust haben)
Haferflocken
Kürbiskerne
probiotischer Joghurt
Zimt zum Bestreuen (nach Belieben)
Honig zum Beträufeln (nach Belieben)

In ein großes Becherglas füllen Sie zuerst eine Schicht frische Beeren hinein, dann kommt eine dünne Schicht Haferflocken darauf. Weiter geht's mit einigen Kürbiskernen und etwas Joghurt. Das Ganze wiederholen, bis das Glas gefüllt ist.

Zum Schluss nach Belieben mit Zimt bestreuen und mit Honig beträufeln. So peppen Sie den Joghurt-Beeren-Becher auf.

HAUT
NERVENSYSTEM *Depression*
VERDAUUNGSSYSTEM *Blähungen*
FORTPFLANZUNGS- & UROGENITALSYSTEM *Polyzystisches Ovarialsyndrom*

Mediterrane Frittata Genau das Richtige, wenn Sie morgens aufwachen und Heißhunger verspüren. Schmeckt toll und liefert außerdem viele Nährwerte.

FÜR 1–2 PERSONEN

6 Kirschtomaten
¼ rote Zwiebel, fein
   geschnitten
1 Knoblauchzehe, fein gehackt
5–6 schwarze Oliven, entsteint
3 große Bio-Eier
1 kleine Handvoll frische
   Petersilienblätter, fein
   gehackt
1 kleine Handvoll frische
   Basilikumblätter, fein
   gehackt
1 kleine Handvoll frische
   Minzeblätter, fein gehackt
Meersalz und frisch gemahlener schwarzer Pfeffer
Olivenöl zum Dünsten

Den Backofengrill auf mittlerer Stufe vorheizen. In einer kleinen Pfanne etwas Olivenöl bei mittlerer Temperatur erhitzen. Kirschtomaten, Zwiebeln und Knoblauch zugeben, mit Salz würzen und so lange dünsten, bis die Zwiebeln weich sind. Jetzt die Oliven hinzufügen.

In einer kleinen Schüssel die Eier verrühren, mit Salz und Pfeffer würzen. Die gehackten Kräuter unterrühren und alles in die Pfanne gießen.

Bei mittlerer Hitze 3–4 Minuten stocken lassen. Das reicht, um den Boden der Frittata fest werden zu lassen. Die Pfanne unter den vorgeheizten Backofengrill stellen und das Ei vollständig stocken lassen. Für die Garprobe ein Messer hineinstechen. Ist das Ei noch flüssig, einige weitere Minuten backen. Vor dem Essen 1 Minute abkühlen lassen.

Florentinische Eier Ein einfaches, aber leckeres Frühstück. Frisch, kräftig und überaus sättigend. Lassen Sie die Sauce hollandaise weg, wenn Sie ein leichteres Frühstück bevorzugen.

FÜR 1 PERSON

1 EL Olivenöl
1 große Handvoll junge
　Spinatblätter
1 TL Weinessig
3 große Bio-Eier
75 g Butter
Saft von ¼ Zitrone
Spitzen von 1 Dillzweig,
　gehackt
1 Scheibe Roggen- oder
　Mehrkornbrot
Meersalz und frisch gemahlener schwarzer Pfeffer

In einer Pfanne 1 EL Olivenöl bei mittlerer Temperatur erhitzen. Die Spinatblätter zugeben und 3–4 Minuten dünsten, bis sie etwas zusammengefallen sind. Mit Salz und Pfeffer würzen.

In einem kleinen Topf etwa 400 ml Wasser zum Kochen bringen, dann die Temperatur reduzieren, sodass das Wasser gerade siedet, und den Essig zugeben. Nacheinander zwei Eier in eine Tasse aufschlagen und vorsichtig ins Wasser gleiten lassen. Die Eier 3–4 Minuten im Wasser pochieren.

Für die Sauce hollandaise in einem kleinen Topf die Butter erhitzen. Ein Eigelb und den Zitronensaft in einer Schüssel glatt rühren. Die geschmolzene Butter nach und nach unterrühren, bis eine dickflüssige Sauce entsteht. Mit Salz und Pfeffer würzen, etwas Dill unterrühren.

Das Brot toasten und den Spinat in einem Sieb abtropfen lassen. Mit dem restlichen Dill vermengen und die Spinat-Dill-Mischung auf dem Toast verteilen. Die Eier mit einem Schaumlöffel aus dem Topf nehmen und auf den Spinat legen. Sauce hollandaise darübergeben.

Spinat, Tomaten und Shiitake-Pilze auf Toast
Genau das Richtige, wenn Sie etwas anderes als sonst essen möchten, aber keine Lust verspüren, lange dafür in der Küche zu stehen.

FÜR 1 PERSON
1 EL Olivenöl
1 große Knoblauchzehe, fein
    gehackt
6–7 Shiitake-Pilze, in Scheiben
    geschnitten
4–5 Kirschtomaten, halbiert
1 Handvoll junge Spinatblätter
1 Scheibe Roggen- oder
    Mehrkornbrot
Meersalz und frisch gemah-
    lener schwarzer Pfeffer

In einer großen Pfanne 1 EL Olivenöl bei mittlerer Temperatur erhitzen. Den Knoblauch zugeben und in einigen Minuten darin weich braten.

Die Shiitake-Pilze in die Pfanne geben und unter Rühren 2 Minuten dünsten, dann die Tomaten zugeben und das Ganze mit Salz und Pfeffer würzen. Die Pilze in weiteren 4–5 Minuten weich braten. Den Spinat zufügen und 1–2 Minuten darin erhitzen, bis die Blätter etwas zusammengefallen sind.

In der Zwischenzeit das Brot toasten. Die Pilzmischung darauf verteilen und sofort essen.

HAUT *Akne*
GELENKE & KNOCHEN *Arthritis*
METABOLISCHE ERKRANKUNGEN *Diabetes (Typ 2)*
NERVENSYSTEM *Migräne*
KREISLAUF & HERZ *Bluthochdruck, hohe Cholesterinwerte*
VERDAUUNGSSYSTEM *Morbus Crohn*

Spargel und Lachs mit Eidip Dieses Gericht hat auf den gesamten Organismus eine positive Wirkung. Es ist eine ideale Vorspeise, schmeckt aber auch als Snack zwischendurch.

FÜR 1 PERSON
75 g geputzter grüner Spargel
(holzige Enden abge-
schnitten, unteres Ende
geschält)
1 großes Bio-Ei
50 g Räucherlachs

In einem kleinen Topf Wasser aufkochen. Den Spargel darin bei mittlerer Temperatur 4–5 Minuten sanft köcheln lassen. Wenn die Stangen leuchtend grün sind, herausnehmen und auf Küchenpapier abtropfen lassen.

Das Ei in einen weiteren Topf mit kochendem Wasser geben und 6 Minuten kochen. Dann ist das Eiweiß hart, das Eigelb aber noch weich. Soll das Ei hart gekocht sein, 10 Minuten kochen.

Den Räucherlachs in Streifen schneiden (etwa 2 x 6 cm) und die Spargelstangen jeweils in der Mitte damit umwickeln.

Zum Servieren das gekochte Ei köpfen, um die Spargelstangen in Eigelb zu dippen.

GELENKE & KNOCHEN *Arthritis, Bursitis*
METABOLISCHE ERKRANKUNGEN *Diabetes (Typ 2)*
NERVENSYSTEM *Depression*
KREISLAUF & HERZ *Herzkrankheiten, hohe Cholesterinwerte*
VERDAUUNGSSYSTEM *Hämorrhoiden*
FORTPFLANZUNGS- & UROGENITALSYSTEM *Menopause, Polyzystisches Ovarialsyndrom*

Frühstücks-Reispfanne Dieses Gericht macht sehr satt und liefert reichlich Nährstoffe. Ich garantiere Ihnen: Damit laufen Sie lange „wie am Schnürchen"!

FÜR 1 PERSON

1 EL Olivenöl
½ kleine rote Zwiebel, fein gehackt
½ rote Paprika, gewürfelt
1 TL Currypulver
½ TL gemahlene Kurkuma
1 rote Chili, klein geschnitten
75 g brauner Basmatireis
1 großes Bio-Ei
1 Handvoll junge Spinatblätter
1 geräuchertes Makrelenfilet, zerkleinert
1 EL probiotischer Joghurt
Meersalz und frisch gemahlener schwarzer Pfeffer

In einer großen Pfanne 1 EL Olivenöl bei mittlerer Temperatur erhitzen. Zwiebeln und rote Paprika zugeben und in etwa 5 Minuten weich dünsten.

Curry, Kurkuma, Chili und Reis einrühren und einige Minuten unter Rühren anbraten. Dann so viel Wasser zugeben, dass der Reis bedeckt ist, mit Salz und Pfeffer würzen. Zugedeckt köcheln lassen, bis der Reis gar ist (etwa 20 Minuten). Gegebenenfalls zwischendurch mehr Wasser zugeben.

In der Zwischenzeit in einem kleinen Topf mit Wasser das Ei 7 Minuten kochen, etwas abkühlen lassen, pellen und längs vierteln.

Kurz bevor der Reis gar ist, die Spinatblätter einrühren und einige Minuten mitkochen. Ist der Reis gar, die Makrelenstücke und den Joghurt unterziehen. Mit Eivierteln garniert servieren.

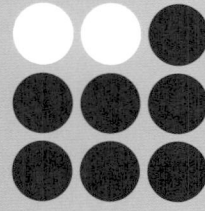

Suppen

Es gibt kaum etwas, das von innen her besser aufwärmt, als eine Suppe. Nicht nur das. Sie lässt sich auch aus vielen guten und gesunden Zutaten kochen. Frische Kräuter und Gewürze, Gemüse und Aromaspender wie Knoblauch gehören in jede Suppe, weil sie aufgrund ihrer Nährwerte wahre Kraftpakete sind. Bereits ein Teller davon versorgt Sie mit dem, was Ihr Körper am dringendsten benötigt. Suppen lassen sich gut einfrieren und transportieren. Nehmen Sie eine Portion mit zur Arbeit – so haben Sie einen zusätzlichen Vitamin- und Mineralstoffcocktail zur Hand.

Wenn Sie nach dem Essen dieser Suppen unter Völlegefühl und leichten Blähungen leiden, ist dies nur vorübergehend. Sie sind ein Signal dafür, dass die Darmbakterien aktiv sind. Ihre Anzahl erhöht sich und sie bekommen mehr Power. Beides ist für die Verdauung von Vorteil.

VERDAUUNGSSYSTEM
Verstopfung, Blähungen

VERDAUUNGSSYSTEM
Blähungen

Topinambur-Pastinaken-Suppe

FÜR 3–4 PERSONEN

1 EL Olivenöl
1 große Zwiebel, fein gehackt
2 Knoblauchzehen, fein gehackt
300 g Topinambur, ungeschält, grob gewürfelt
2 Pastinaken, ungeschält, grob gewürfelt
ca. 500 ml Gemüsebrühe
3–4 EL probiotischer Joghurt
Meersalz und frisch gemahlener schwarzer Pfeffer

In einem großen Topf 1 EL Öl erhitzen. Zwiebeln und Knoblauch darin 4–5 Minuten anschwitzen, bis die Zwiebeln glasig sind. Topinambur, Pastinaken und so viel Gemüsebrühe zugeben, dass das Gemüse vollständig bedeckt ist. Etwa 15 Minuten köcheln lassen bzw. so lange, bis das Gemüse gar und weich ist.

Mit Salz und Pfeffer würzen. Portionsweise im Mixer zu einer glatten Suppe pürieren. Jeweils mit einem Klecks Joghurt und mit frisch gemahlenem schwarzen Pfeffer bestreut servieren.

Fenchel-Sellerie-Suppe

FÜR 3–4 PERSONEN

1 EL Olivenöl
1 große Zwiebel, fein gehackt
1 Knoblauchzehe, fein gehackt
2 Fenchelknollen, grob gewürfelt
½ Sellerieknolle, ungeschält, grob gewürfelt
1 Kartoffel, ungeschält, grob gewürfelt
ca. 500 ml Gemüsebrühe
1 TL Fenchelsamen (nach Belieben)
Meersalz und frisch gemahlener schwarzer Pfeffer

In einem großen Topf 1 EL Öl erhitzen. Zwiebeln und Knoblauch darin 4–5 Minuten braten, bis die Zwiebeln glasig sind.

Fenchel, Sellerie und Kartoffel zugeben. So viel Brühe zugießen, dass das Gemüse vollständig bedeckt ist. Köcheln, bis Kartoffel und Sellerie gar sind – das dauert etwa 10 Minuten.

Mit Salz und Pfeffer würzen. Portionsweise im Mixer zu einer glatten Suppe pürieren. Nach Belieben mit Fenchelsamen bestreut servieren.

HAUT *Akne*
GELENKE & KNOCHEN *Arthritis*
IMMUNSYSTEM *Erkältung & Fieber*
KREISLAUF & HERZ *hohe Cholesterinwerte*

Süßkartoffel-Shiitake-Pilze-Suppe

Dieses Suppenwunder ist ein absolutes Kraftpaket, wenn Sie erkältet sind und Fieber haben. Gojibeeren gibt es mittlerweile in allen gut sortierten Supermärkten und Reformhäusern.

FÜR 4 PERSONEN
1 rote Zwiebel, fein gehackt
1 grüne Chili, fein gehackt, zzgl. einige Chiliringe zum Garnieren
4 Knoblauchzehen, fein gehackt
5 cm frischer Ingwer, fein gehackt
2 EL Olivenöl
2 mittelgroße Süßkartoffeln, ungeschält, grob gewürfelt
1 Schale Shiitake-Pilze, in Scheiben geschnitten
2 Handvoll Gojibeeren
ca. 500 ml Gemüsebrühe
Salz und frisch gemahlener schwarzer Pfeffer

Zwiebeln, Chili, Knoblauch und Ingwer mit 2 EL Olivenöl in einen großen Topf geben. Alles bei mittlerer Temperatur etwa 5 Minuten sanft dünsten, bis die Zwiebeln weich sind.

Die Süßkartoffeln und die Pilze zugeben, dann die Gojibeeren einrühren. So viel Gemüsebrühe zugießen, dass alle Zutaten gut bedeckt sind. 10–15 Minuten köcheln lassen, bis die Kartoffeln gar sind. Mit Salz und Pfeffer würzen.

Portionsweise im Mixer zu einer glatten Suppe pürieren. Sie besticht durch ihre leuchtend-orange Farbe. Mit Chiliringen garniert servieren.

Thai-Fischsuppe

Diese fantastische Suppe mit einem herrlich exotischen Touch ist im Nu auf den Tisch gebracht. Sie ist leicht und liefert wertvolle Nährstoffe. Gibt es etwas Besseres?

FÜR 3–4 PERSONEN

1 frischer Zitronengrasstängel
½ rote Zwiebel, fein gehackt
1 Knoblauchzehe, fein gehackt
1 cm frischer Ingwer, geschält, fein gehackt
2 Kaffirlimettenblätter (aus dem gut sortierten Lebensmittelhandel)
1 Dose Kokosmilch (400 ml)
2 Lachsfilets ohne Haut, in 2 x 2 cm große Würfel geschnitten
200 g gegarte Garnelen
1 Handvoll junge Spinatblätter
100 g Zuckerschoten
Saft von ½ Limette
1 Handvoll frische Korianderblätter
1 rote Chili, in feine Scheiben geschnitten (nach Belieben)
Olivenöl zum Dünsten

Das Zitronengras mit einem schweren Gegenstand, etwa einem Nudelholz, zerdrücken, damit die Aromen freigesetzt werden. In einem großen Topf etwas Olivenöl erhitzen und Zwiebeln, Knoblauch, Ingwer, Kaffirlimettenblätter sowie das Zitronengras zugeben. 4–5 Minuten sanft dünsten, bis die Zwiebeln weich sind.

Die Kokosmilch und 150 ml Wasser zugießen und alles weitere 15 Minuten sanft köcheln lassen. Den Lachs in den Topf geben und in etwa 5 Minuten garziehen lassen.

Garnelen, Spinatblätter und Zuckerschoten hinzufügen und das Ganze weitere 2 Minuten köcheln lassen. Limettensaft, Koriander und Chili unterrühren. Das Zitronengras und die Limettenblätter entfernen – und schon ist die Suppe fertig. Zusammen mit dem Lachs können Sie einige Nudeln hinzugeben (auf die auf der Packung angegebene Garzeit achten) oder Sie reichen einen Salat dazu.

Grüne Gemüsesuppe Das Grün dieser einfachen Suppe leuchtet so frisch, dabei hat die Suppe ein natürlich süßes Aroma und eine herrlich samtige Textur.

FÜR 3–4 PERSONEN
1 Zwiebel, fein gehackt
1 Knoblauchzehe, fein gehackt
350 g frische oder TK-Erbsen
1 große Zucchini, grob
   gerieben
1 große Kartoffel, ungeschält,
   grob gewürfelt
ca. 500 ml Gemüsebrühe
200 g junge Spinatblätter
½ Bund Minze
Meersalz und frisch gemahlener schwarzer Pfeffer
Olivenöl zum Dünsten zzgl.
   etwas zum Beträufeln

In einem großen Topf etwas Olivenöl erhitzen. Die Zwiebeln und den Knoblauch darin in 4–5 Minuten weich dünsten.

Erbsen, Zucchini und Kartoffel in den Topf geben. So viel Gemüsebrühe zugießen, dass die Zutaten gut bedeckt sind. 10–15 Minuten köcheln lassen, bis die Kartoffel weich ist.

Den Spinat nach und nach in die Suppe geben und in der heißen Suppe etwas zusammenfallen lassen. Minzeblätter abzupfen und bis auf einige für die Garnitur mit in die Suppe geben.

Mit Salz und Pfeffer würzen. Portionsweise im Mixer zu einer glatten Suppe pürieren. Mit den restlichen Minzeblättern bestreut und mit Olivenöl beträufelt servieren.

Tomaten-Linsen-Suppe Eine herrlich wohlschmeckende Suppe: sättigend und voller Aromen. Eine sämigere Version davon können Sie sogar als Dip reichen.

FÜR 3–4 PERSONEN
1 große rote Zwiebel, fein
    gehackt
2 Knoblauchzehen, fein
    gehackt
2 TL gemahlener
    Kreuzkümmel
700 g Kirschtomaten
200 g rote Linsen
1 l Gemüsebrühe
½ Bund frische Petersilie oder
    Koriander, grob gehackt,
    zum Bestreuen
Meersalz und frisch gemah-
    lener schwarzer Pfeffer
Olivenöl zum Dünsten

In einem großen Topf etwas Olivenöl erhitzen. Zwiebeln, Knoblauch und Kreuzkümmel zugeben und bei mittlerer Hitze 4–5 Minuten dünsten bzw. so lange, bis die Zwiebeln goldgelb sind.

Die Tomaten zugeben und bei hoher Temperatur unter Rühren erhitzen. So lange erhitzen, bis die Tomaten zerfallen und das Ganze wie ein sämiges Ratatouille aussieht.

Die Linsen unterrühren und alles wie Risotto köcheln, das heißt, die Brühe nach und nach zugießen. Erst wieder Brühe zugeben, wenn die im Topf befindliche nahezu von den Linsen aufgenommen bzw. verkocht ist. Nach 15–20 Minuten sollten die Linsen weich sein.

Sind die Linsen gar, die Suppe mit Gemüsebrühe verdünnen und mit Salz und Pfeffer würzen. Portionsweise im Mixer zu einer glatten Suppe pürieren. Mit Petersilie oder Koriander bestreut sofort servieren.

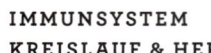

HAUT *Ekzeme*
IMMUNSYSTEM
KREISLAUF & HERZ *Herzkrankheiten, Bluthochdruck*
VERDAUUNGSSYSTEM *Verstopfung*

Kürbissuppe mit Knoblauch und roten Linsen
Butternut-Kürbis und Knoblauch werden für diese Suppe zuvor im Backofen geröstet. Auf diese Weise bekommt das Gericht ein intensives Aroma und eine Süße, die leicht rauchig schmeckt.

FÜR 4 PERSONEN

1 großer Butternut-Kürbis, ungeschält, grob gewürfelt
4 Knoblauchzehen, geschält, aber ganz
1 ½ TL gerebelte gemischte Kräuter (nach Belieben)
½ große rote Zwiebel, fein gehackt
250 g rote Linsen
750 ml Gemüsebrühe (ggf. etwas mehr)
3–4 TL grünes Pesto (nach Belieben)
Meersalz und frisch gemahlener schwarzer Pfeffer
Olivenöl zum Dünsten zzgl. etwas zum Beträufeln

Den Backofen auf 200 °C vorheizen. Den gewürfelten Kürbis und die Knoblauchzehen auf ein Backblech legen, mit Olivenöl beträufeln und mit Salz, Pfeffer und Kräutern bestreuen. Alles gut vermengen und für 20–25 Minuten auf die mittlere Schiene in den vorgeheizten Backofen schieben. Der Kürbis sollte an den Rändern gebräunt und seine Schale sollte knusprig sein. Der Knoblauch sollte dann goldgelb sein.

In einem Topf etwas Olivenöl erhitzen, die Zwiebeln zugeben und in 4–5 Minuten weich dünsten. Den Kürbis und den Knoblauch mit den Gewürzen sowie die Linsen ebenfalls zugeben. So viel Brühe zugießen, dass die Zutaten bedeckt sind und köcheln lassen, bis die Linsen gar sind.

Mit Salz und Pfeffer würzen. Portionsweise im Mixer zu einer glatten Suppe pürieren. Gegebenenfalls etwas mehr Brühe zugeben, wenn die Suppe zu dickflüssig ist. In tiefen Tellern anrichten und nach Belieben jeweils einen Klecks Pesto einrühren. Dazu schmeckt frischer weicher Ziegenkäse sehr gut.

HAUT
GELENKE & KNOCHEN *Arthritis*
KREISLAUF & HERZ *Herzkrankheiten*
FORTPFLANZUNGS- & UROGENITALSYSTEM *Prostatabeschwerden*

Gazpacho Die prächtige kalte Suppe ist ein Sommerklassiker. Sie hat einen lieblichen mediterranen Touch und steckt voller Aromen. Da sie nicht gekocht wird, enthält sie unglaublich viele Nährstoffe.

FÜR 2–4 PERSONEN

1 kg sehr reife Tomaten, grob zerkleinert
½ kleine rote Zwiebel, grob gehackt
3 Knoblauchzehen, grob gehackt
1 Salatgurke, grob gehackt
75 ml Olivenöl zzgl. etwas zum Beträufeln
1 EL Rotweinessig
Meersalz und frisch gemahlener schwarzer Pfeffer

Tomaten, Zwiebeln, Knoblauch und Salatgurke in einen Mixer geben und das Ganze in mindestens 1 Minute zu einem feinen Püree verarbeiten. Nach Belieben etwas von der Zwiebel und der Gurke zuvor für die Garnitur abnehmen.

Die Mischung mit einem Holzlöffel durch ein Sieb passieren. Auf diese Weise bleiben die groben Bestandteile im Sieb und es entsteht eine feine Suppe.

Die Suppe wieder in den Mixer geben und auf niedrigster Stufe pürieren. Olivenöl und 75 ml Rotweinessig langsam unterarbeiten. Mit Salz und Pfeffer würzen.

Die Suppe in den Kühlschrank stellen, denn vor dem Essen sollte sie gut durchgekühlt sein. Zum Servieren mit restlicher Gurke und Zwiebeln bestreuen und nach Belieben mit etwas Olivenöl beträufeln.

Leichte Kleinigkeiten

Es gibt Momente, da hat man Lust, an leichten Kleinigkeiten herumzuknabbern. Das ist kein Ersatz für ein Mittag- oder Abendessen, hilft aber gegen den kleinen Hunger. Bevor Sie zu Süßigkeiten greifen, sind die folgenden Häppchen und Knabbereien genau das Richtige.

Edamame-Kichererbsen-Salat mit Limette, Chili und Koriander

Ein wunderbarer Salat, der als vollwertiges Mittagessen, aber auch als Beilage schmeckt. Finden Sie keine Edamame-Bohnen (unreif geerntete Sojabohnen), können Sie gewöhnliche Sojabohnen verwenden.

FÜR 2 PERSONEN

1 Dose Kichererbsen (400 g), abgespült
20 g Edamame-Bohnen, (TK, aufgetaut)
½ Salatgurke, fein gewürfelt
Saft und abgeriebene Schale von 1 unbehandelten Limette
1 TL Honig
1 TL milde Sojasauce
20 g frische Korianderblätter, grob gehackt
1 große rote Chili, in Ringe geschnitten

Die Kichererbsen und Edamame-Bohnen in eine Salatschüssel geben und mischen. Salatgurkenwürfel untermengen.

Limettenschale und -saft, Honig und Sojasauce zu einem Dressing verrühren.

Den gehackten Koriander und das Dressing in die Salatschüssel geben und alles gut vermengen. Mit Chiliringen bestreut servieren.

HAUT *Ekzeme, Psoriasis*
KREISLAUF & HERZ *Herzkrankheiten, Bluthochdruck, hohe Cholesterinwerte*
FORTPFLANZUNGS- & UROGENITALSYSTEM *Prostatabeschwerden*

Brot mit Guacamole und Röstgemüse

Diese kleine Zwischenmahlzeit schmeckt nicht nur hocharomatisch, sie liefert einen gesunden Nährstoffcocktail.

FÜR 1 PERSON

½ rote Paprika, in 2 x 2 cm
  große Stücke geschnitten
½ rote Zwiebel, in Spalten
  geschnitten
1 EL extra natives Olivenöl
  zzgl. etwas zum Beträufeln
1 große reife Avocado
1 Knoblauchzehe, fein gehackt
1 kleine grüne Chili, fein
  gehackt
Saft von ½ Limette
2 Scheiben Vollkornbrot,
  getoastet
Meersalz und frisch gemahlener schwarzer Pfeffer

Den Backofen auf 200 °C vorheizen. Paprika und Zwiebeln in eine kleine Auflaufform legen, mit Olivenöl beträufeln und mit Salz und Pfeffer würzen. Etwa 15–20 Minuten auf der oberen Schiene im vorgeheizten Backofen rösten, dann sollte das Gemüse weich und die Zwiebeln leicht karamellisiert sein.

In der Zwischenzeit die Guacamole zubereiten. Dafür die Avocado teilen und beide Hälften vom Stein lösen, dann das Fruchtfleisch aus der Schale löffeln und in eine Küchenmaschine geben. Knoblauch, Chili, 1 EL Olivenöl und den Limettensaft zugeben. Mit Salz und Pfeffer würzen. Auf höchster Stufe zu einer cremigen Guacamole verarbeiten. Wer es stückig mag, zerdrückt die Zutaten in einer Schüssel.

Die getoasteten Brotscheiben nebeneinander auf einen Teller legen. Jede Scheibe mit einer guten Portion Guacamole bestreichen und das Röstgemüse darauf verteilen. Sofort genießen.

METABOLISCHE ERKRANKUNGEN *Diabetes (Typ 2)*
NERVENSYSTEM *Stress*
VERDAUUNGSSYSTEM
FORTPFLANZUNGS- & UROGENITALSYSTEM *Polyzystisches Ovarialsyndrom*

Schwarzbrot mit Eiaufstrich und Rucola Diese kleine Zwischenmahlzeit macht nicht nur satt, sondern auch glücklich.

FÜR 1 PERSON

2 hart gekochte Bio-Eier, gepellt
1 EL probiotischer Joghurt
1 EL Schnittlauchröllchen
1 große Scheibe Schwarzbrot
1 Prise geräuchertes Paprikapulver (nach Belieben)
1 kleine Handvoll Rucola
Meersalz und frisch gemahlener schwarzer Pfeffer

Die gekochten Eier in eine kleine Schüssel geben und mit einer Gabel zerdrücken, bis eine fein-krümelige Creme entsteht.

Joghurt und Schnittlauch zugeben und mit Salz und Pfeffer würzen, nochmals gut umrühren. Schwarzbrot mit der Eicreme bestreichen. Etwas Paprikapulver darüberstreuen und Rucola daraufgelegen. Sofort genießen!

Die Kombination aus Oliven und Artischocken ist gewagt und doch so köstlich, dass selbst die größten Verächter gesunden Essens nach mehr verlangen werden. Die Mischung aus Minze und Feta ist der Inbegriff mediterranen Genusses. Natürlich können Sie frische Bohnen verwenden.

VERDAUUNGSSYSTEM
Blähungen

HAUT
KREISLAUF & HERZ
hohe Cholesterinwerte
VERDAUUNGSSYSTEM
Verstopfung

Crostini mit Dicken Bohnen, Minze und Feta

FÜR 2 PERSONEN
1 Glas Dicke Bohnen (ca. 300 g),
    abgespült, abgetropft
1 kleine Handvoll frische Minzeblätter
3 EL extra natives Olivenöl
75 g Feta
Meersalz und frisch gemahlener
    schwarzer Pfeffer

Bohnen, Minze und 3 EL Olivenöl in einen Mixer geben und auf schwacher Stufe zu einer grobkörnigen Paste verarbeiten. In eine Schüssel füllen.

Den Feta hineinkrümeln und gut unterrühren. Darauf achten, dass die Creme klümpchenfrei ist. Mit Salz und Pfeffer würzen.

Den Aufstrich auf kleine getoastete Brotstücke streichen, zum Beispiel auf Ciabatta, Baguette oder Sauerteigbrot.

Crostini mit grünen Oliven und Artischockenherzen

FÜR 2–3 PERSONEN
350 g entsteinte grüne Oliven, abgetropft
1 Glas geröstete Artischockenherzen (ca. 280 g),
    abgetropft
1 große Knoblauchzehe, grob gehackt
3 eingelegte Anchovis, abgetropft, grob gehackt
3 EL Olivenöl
Meersalz und frisch gemahlener schwarzer
    Pfeffer

Alle Zutaten in der Küchenmaschine zu einer glatten Paste verarbeiten. Mit Salz und Pfeffer würzen.

Jeweils einen Klecks auf eine Scheibe Ciabatta oder geröstetes Mehrkornbrot streichen. Nach Belieben mit Oliven verzieren.

Diese **Shiitake-Pâté** ist ein herrlich erdiges Gericht, köstlich auf Brot, als Füllung für ein Sandwich oder ganz einfach als Dip zu rohem Sellerie. Sie liefert einige wichtige Stoffe für unseren Körper.

FÜR 3–4 PERSONEN
125 g Shiitake-Pilze
100 g Sonnenblumenkerne
1 Knoblauchzehe
2 TL salzarme Sojasauce

Alle Zutaten in einen Mixer geben und zu einer glatten Paste zerkleinern. Auf Mehrkornbrotstücke streichen und sofort servieren.

Walnuss-Brunnenkresse-Salat mit Blauschimmelkäse

Die satten Aromen und unterschiedlichen Texturen dieser Kombination machen sie so überaus interessant. Das cremige Dressing mit seinen leichten Pfeffernuancen geht eine perfekte Ehe mit Brunnenkresse und kräftigem Blauschimmelkäse ein.

FÜR 2 PERSONEN

250 g Bulgur
½ Salatgurke, fein gewürfelt
150 g Kirschtomaten, halbiert
100 g Walnüsse
100 g frische Brunnenkresse
1 EL milder tafelfertiger Meerrettich (aus dem Glas)
3 EL Olivenöl
125 g Blauschimmelkäse, zerbröckelt
Meersalz und frisch gemahlener schwarzer Pfeffer

Den Bulgur in einen Topf geben und mit kochendem Wasser bedecken. Bei mittlerer Temperatur 15 Minuten köcheln lassen bzw. so lange, bis der Bulgur gar ist. Gut abtropfen lassen.

Den Bulgur in eine Salatschüssel füllen und Gurke, Tomaten, Walnüsse und Brunnenkresse zugeben. Die Zutaten miteinander vermengen.

Meerrettich und 3 EL Olivenöl zu einem cremigen Dressing verrühren und mit Salz und Pfeffer würzen.

Das Dressing über den Bulgur träufeln und gut mit den Zutaten mischen. Blauschimmelkäse darauf verteilen und servieren.

HAUT *Ekzeme*
METABOLISCHE ERKRANKUNGEN *Diabetes (Typ 2)*
KREISLAUF & HERZ *Herzkrankheiten*
VERDAUUNGSSYSTEM *Blähungen, Verstopfung*
FORTPFLANZUNGS- & UROGENITALSYSTEM *Prostatabeschwerden*

Griechische Pitta-Pizzen So stelle ich mir einen perfekten Wohlfühl-Snack vor. Ich bin bei Pizza ein bisschen voreingenommen, doch diese mundgerechten Pizzen gehören absolut zu meinen Favoriten.

FÜR 1 PERSON
1 Handvoll junge Spinatblätter
2–3 TL Tomatenmark
1 großes Vollkorn-Pittabrot
½ Knoblauchzehe, fein
   gehackt
1 EL zerkleinerte Minzeblätter
4–5 Kirschtomaten, halbiert
50 g Feta
4 schwarze Oliven, entsteint
Meersalz und frisch gemahlener schwarzer Pfeffer

Die Spinatblätter mit 2 EL frisch gekochtem Wasser in einen Topf geben. Den Herd auf die höchste Stufe stellen, damit das Wasser köchelt. Zugedeckt 3–4 Minuten köcheln lassen, der Spinat fällt rasch zusammen. Den Topf vom Herd ziehen, abgießen und einige Minuten abkühlen lassen. Dann das überschüssige Wasser aus dem Spinat drücken.

Den Grill auf mittlerer Stufe vorheizen. Das Tomatenmark gleichmäßig auf die Pittabrote streichen. Gehackten Knoblauch, Spinat, Minze und Kirschtomaten darauf verteilen, dann den Feta darüberkrümeln. Mit Salz und Pfeffer würzen und die Oliven darauf verteilen.

Unter dem heißen Grill 5 Minuten backen, bis der Käse zerläuft. Sofort servieren.

HAUT *Akne*
GELENKE & KNOCHEN *Osteoporose*
ATMUNGSORGANE *Asthma*
METABOLISCHE ERKRANKUNGEN *Diabetes (Typ 2)*
KREISLAUF & HERZ *Bluthochdruck, hohe Cholesterinwerte*
FORTPFLANZUNGS- & UROGENITALSYSTEM *Menstruationsbeschwerden*

Salat niçoise

Ein wundervoll nährstoffreicher Salat, der sehr gut schmeckt und glücklich macht.

FÜR 1 PERSON

1 Handvoll junge Spinatblätter oder gemischte Salatblätter
5–6 grüne Bohnen, längs dünn geschnitten
2 große Tomaten, in Achtel geschnitten
1 hartgekochtes Bio-Ei, geviertelt
6–7 schwarze Oliven, entsteint
5 Anchovis aus der Dose, abgetropft
1 EL Olivenöl
1 frisches Thunfischsteak (ca. 150 g)

Für das Dressing:
2 EL extra natives Olivenöl
1 TL Balsamico
Meersalz und frisch gemahlener schwarzer Pfeffer

Spinat, Bohnen, Tomaten, Ei und Oliven auf einem Teller anrichten. Die Anchovis auf den Salat legen.

In einer Grill- oder Bratpfanne 1 EL Olivenöl bei mittlerer Temperatur erhitzen. Den Thunfisch etwa 3 Minuten von jeder Seite darin braten, im Inneren sollte er noch rosafarben sein. Den Thunfisch nur einmal wenden und die Pfanne vom Herd nehmen.

Die Dressingzutaten verrühren und mit Salz und Pfeffer würzen. Den Thunfisch in ½ cm dicke Scheiben schneiden und auf dem Salat anrichten. Das Dressing darüberträufeln und sofort servieren.

Vorspeisen & Beilagen

Sitzen wir mit Freunden oder der Familie zusammen, um gemeinsam etwas Gutes zu essen, bleibt meist viel zu viel übrig. Keine Sorge: Sie können ausreichend genießen und trotzdem ganz einfach bei Ihren gesunden Essgewohnheiten bleiben. Die folgenden Rezepte eignen sich gleichermaßen als Vorspeise wie als Beilage und lassen sich nach Belieben im Umfang variieren.

Saté-Gemüse aus dem Wok Dieses Essen ist „Treibstoff" pur. Wenn Sie das Rezept ausprobieren, werden Sie wissen, warum.

FÜR 1–2 PERSONEN

1 große Porreestange, in dünne Ringe geschnitten

2 Knoblauchzehen, in feine Scheiben geschnitten

1 kleine grüne oder rote Chili, fein gehackt (je nach gewünschtem Schärfegrad die Kerne zuvor entfernen)

2 Handvoll Frühlingszwiebelgrün, klein geschnitten

1 EL dunkle Sojasauce

2 TL Honig

2 EL gute körnige Erdnussbutter (ohne Salz oder Zucker)

½ TL chinesisches Fünfgewürzepulver

1 Prise Meersalz

Olivenöl zum Dünsten

In einem Wok etwas Olivenöl erhitzen und Porree, Knoblauch und Chili zugeben. 5–8 Minuten bei mittlerer Hitze unter Rühren dünsten, bis der Porree weich ist. Frühlingszwiebelgrün in den Wok geben und unter Rühren weitergaren, bis das Grün etwas weicher geworden ist und die Farbe einen leuchtenden Ton angenommen hat. Die Sojasauce zugeben, dann Honig und Erdnussbutter unterrühren. Mit Fünfgewürzepulver bestäuben und gut umrühren. Mit Meersalz abschmecken und sofort servieren. Dazu schmeckt Naturreis und weißes Fischfilet.

Aus Edamame-Bohnen lässt sich ein köstlicher Dip zubereiten, der zu allem Möglichen gut schmeckt, besonders aber zu Gemüse-Crudités, Pittabrot oder Mais-Chips. Auch meine Hummus-Abwandlung aus roter Paprika lässt sich praktisch mit allem kombinieren. Damit die Nährstoffe erhalten bleiben, werden die Paprika nicht geröstet.

HAUT *Akne, Ekzeme*
IMMUNSYSTEM
Erkältung & Fieber
KREISLAUF & HERZ
hohe Cholesterinwerte

KREISLAUF & HERZ
hohe Cholesterinwerte
**FORTPFLANZUNGS- &
UROGENITALSYSTEM**
*Endometriose, Menopause,
Menstruationsbeschwerden*

Dip aus roter Paprika und Bohnen

FÜR 2–4 PERSONEN
2 rote Paprika, gewürfelt
1 Dose Cannellinibohnen (400 g), abgespült, abgetropft
1 Knoblauchzehe, fein gehackt
2 EL extra natives Olivenöl
Meersalz und frisch gemahlener schwarzer Pfeffer

Alle Zutaten bis auf 1 EL Cannnellinibohnen in eine Küchenmaschine geben. Mit Salz und Pfeffer würzen und zu einem sämig-saftigen Dip verarbeiten. Die restlichen Bohnen untermengen und den Dip zu getoasteten Pittabrotscheiben, Selleriestücken oder etwas anderem servieren, wozu ein Dip schmeckt.

Edamame-Dip mit Chili und Knoblauch

FÜR 2–4 PERSONEN
200 g frische oder aufgetaute TK-Edamame-Bohnen (alternativ Sojabohnen)
1 Knoblauchzehe, fein gehackt
1 grüne Chili, fein gehackt
1–2 EL extra natives Olivenöl
Meersalz und frisch gemahlener schwarzer Pfeffer

Alle Zutaten in eine Küchenmaschine geben, mit Salz und Pfeffer würzen und zu einem glatten Dip verarbeiten. Sofort servieren. Zutaten nach Belieben und Geschmack auswählen.

HAUT *Ekzeme*
GELENKE & KNOCHEN *Bursitis*
IMMUNSYSTEM *Erkältung & Fieber*
KREISLAUF & HERZ *Herzkrankheiten, hohe Cholesterinwerte*
VERDAUUNGSSYSTEM *Härmorrhoiden*

Rotkohl-Rote-Bete-Salat Ein Salat, der es in sich hat: Violett und voller Power. Die Substanzen, die Gemüse dunkelrot bis lila machen, sind überaus gesundheitsförderlich. Ich verwende Leinsamenöl, weil es sehr viele Omega-3-Fettsäuren enthält. Sie finden es in jedem guten Supermarkt und können es statt Olivenöl verwenden.

FÜR 2 PERSONEN
¼ Rotkohl, sehr fein
   geschnitten
½ rote Zwiebel, sehr fein
   geschnitten
1 große oder 2 kleine rohe Rote
   Bete, geschält, sehr fein
   geschnitten
2 EL Leinsamenöl
1 TL Honig
1 TL Balsamico
½ Knoblauchzehe, fein
   gehackt
1 TL geröstete Sesamsamen
Meersalz und frisch gemahlener schwarzer Pfeffer

In einer großen Salatschüssel Rotkohl, Zwiebeln und Rote Bete mischen. Leinsamenöl mit Honig und Balsamico verquirlen und den Knoblauch unterrühren. Über das Gemüse gießen.

Mit den Sesamsamen bestreuen, mit Salz und Pfeffer abschmecken und gut mischen. Nach Belieben das Dressing im Voraus zubereiten und erst kurz vor dem Servieren mit dem Gemüse mischen.

Limabohnen-Brunnenkresse-Dip Dieser Dip hat ein intensives, herrlich pfeffriges Aroma. Für die Gaumenknospen ist das ein echter Kick – und für die Verdauung auch!

FÜR 2–4 PERSONEN
1 Dose Limabohnen (400 g), abgespült, abgetropft
1 große Handvoll Brunnenkresse
1 Knoblauchzehe, fein gehackt
1 EL extra natives Olivenöl
2 große Pittabrote, in Streifen geschnitten
Meersalz und frisch gemahlener schwarzer Pfeffer

Den Backofengrill auf mittlerer Stufe vorheizen. Bohnen, Brunnenkresse, Knoblauch und 1 EL Olivenöl in eine Küchenmaschine geben und zu einem glatten Püree verarbeiten. Mit Salz und Pfeffer würzen.

Pittabrotstreifen auf ein Backblech legen und einige Minuten unter dem vorgeheizten Grill backen, zwischendurch einmal wenden. Die knusprigen Brotstreifen zum Dip reichen.

Ziegenkäseaufstrich mit roter Zwiebel und Chili

Ziegenkäse ist leichter und wird von den meisten besser vertragen als Kuhmilchkäse. Schon der würzige Geschmack des Käses lässt das Wasser im Mund zusammenlaufen. Die Fette im Käse erleichtern zudem die Aufnahme der wertvollen Inhaltsstoffe der Zwiebel.

FÜR 2–4 PERSONEN

125 g weicher Ziegenkäse
1 EL Olivenöl
1 TL Rotweinessig
¼ rote Zwiebel, sehr fein gehackt
½ grüne Chili, sehr fein gehackt
1 Bund frische Petersilie, fein gehackt
Meersalz und frisch gemahlener schwarzer Pfeffer

Ziegenkäse in eine Schüssel geben und die restlichen Zutaten hinzufügen. Mit Salz und Pfeffer würzen. So lange verrühren, bis alle Zutaten gut miteinander vermengt sind. Mit Hafergebäck oder Crudités servieren.

HAUT *Ekzeme, Psoriasis*
KREISLAUF & HERZ *Herzkrankheiten, Bluthochdruck*
VERDAUUNGSSYSTEM *Verstopfung*

Geröstete Rote Bete mit Avocado und Meerrettich Das ist eine so fantastische Aromenkombination, dass sie auf jeder Party der Hit wird.

FÜR 2–4 PERSONEN
4 große Rote Bete, geputzt,
  aber ungeschält, in Spalten
  geschnitten
2 EL Olivenöl zzgl. etwas zum
  Beträufeln
2 große reife Avocados
Saft von ½ Zitrone
3–4 TL Meerrettich
Meersalz

Den Backofen auf 200 °C vorheizen. Die Rote-Bete-Spalten auf ein Backblech legen, mit Olivenöl beträufeln und mit Salz bestreuen. Im vorgeheizten Backofen 20–25 Minuten garen. Dann sollte die Rote Bete weich sein. Abkühlen lassen.

Die Avocados teilen und beide Hälften vom Stein lösen, dann das Fruchtfleisch aus der Schale löffeln. Für die Sauce Avocadofruchtfleisch, Zitronensaft, Meerrettich und 2 EL Olivenöl in eine Küchenmaschine geben, mit Salz würzen und zu einer glatten Creme verarbeiten. Zu den Rote-Bete-Spalten reichen. Dazu ein Salat oder gekochter Couscous.

NERVENSYSTEM *Angsterkrankungen*
KREISLAUF & HERZ *hohe Cholesterinwerte*
VERDAUUNGSSYSTEM *Verstopfung*
FORTPFLANZUNGS- & UROGENITALSYSTEM
Endometriose, Polyzystisches Ovarialsyndrom, Menstruationsbeschwerden

Weiße Bohnen mit Grünkohl und Parmesan Ein sehr nahrhaftes Essen, unglaublich geschmacksintensiv und zart, das einfach so oder als Beilage zu anderem genossen werden kann. Und die Zubereitung ist ein Kinderspiel.

FÜR 4–6 PERSONEN
2 Knoblauchzehen, in feine
   Scheiben geschnitten
1 Dose Cannellinibohnen
   (400 g), abgespült,
   abgetropft
125 g Grünkohl
2 EL frisch geriebener
   Parmesan
¼ TL Chiliflocken
Meersalz und frisch gemahlener schwarzer Pfeffer
Olivenöl zum Braten

In einer Pfanne etwas Olivenöl erhitzen und den Knoblauch zugeben. Bei mittlerer Hitze anbraten; dies ist einer der wenigen Fälle, in denen der Knoblauch richtig braun angebraten werden sollte. Das gibt dem Gericht den unverwechselbaren Geschmack.

Ist der Knoblauch gebräunt, die Bohnen zufügen. Den Grünkohl in kleine Stücke zupfen und direkt in die Pfanne geben. Mit Salz und Pfeffer würzen und weitere 7–8 Minuten braten, bis der Kohl weich, aber noch knackig ist.

Die Hälfte des Parmesans unterrühren. Das Ganze auf einem Servierteller anrichten und mit dem restlichen Parmesan bestreuen. Nach Belieben noch Chiliflocken darüberstreuen. Sofort servieren.

HAUT *Akne, Ekzeme, Psoriasis*
GELENKE & KNOCHEN *Arthritis*
KREISLAUF & HERZ *Herzkrankheiten*
VERDAUUNGSSYSTEM *Morbus Crohn*

Gebackener Kürbis mit Feta Ich liebe den intensiven, erdigen und aromatischen Geschmack dieses Essens. Der Kürbis liefert reichlich vom Antioxidans β-Carotin und die Fette im Käse erhöhen die Fähigkeit des Körpers, diese gesunden sekundären Pflanzenstoffe aufzunehmen.

FÜR 4 PERSONEN
1 mittelgroßer Butternut-
  Kürbis
3 Knoblauchzehen
1 TL Kreuzkümmelsamen
¼ TL getrocknete Chiliflocken
1 Bund frischer Salbei, die
  Blätter fein gehackt
200 g Feta
Meersalz und frisch gemahlener schwarzer Pfeffer
Olivenöl zum Beträufeln

Den Backofen auf 200 °C vorheizen. Den Kürbis halbieren, die Kerne herauskratzen und wegwerfen. Den Kürbis mit Schale in 1 x 1 cm große Würfel schneiden. Die Kürbiswürfel auf einem Backblech verteilen.

Den Knoblauch ganz und ungeschält lassen. Mit der Handfläche oder einem Löffelrücken etwas flach drücken und ebenfalls auf das Blech legen. Kreuzkümmelsamen und Chiliflocken darüberstreuen. Mit etwas Olivenöl beträufeln und mit Salz würzen. Den Kürbis im vorgeheizten Backofen etwa 20 Minuten backen. Dann sollte er weich und an den Rändern leicht gebräunt sein. Jetzt den frischen Salbei darüberstreuen.

Den gebackenen Kürbis in eine große Schüssel geben, den Feta darüberbröckeln. Mit etwas schwarzem Pfeffer bestreuen und servieren.

Kokos-Dhal

Eine fantastische Mischung: Sie sieht wie ein traditioneller indischer Dhal aus, doch durch die Zugabe von Zitronengras bekommt das Ganze einen thailändischen Touch. Am Ende kommt eine asiatische Fusion heraus. Dieses Gericht macht süchtig!

FÜR 3–4 PERSONEN

2 frische Zitronengrasstängel
1 große rote Zwiebel, fein gehackt
2 Knoblauchzehen, fein gehackt
1 grüne Chili, fein gehackt
100 g rote Linsen
200 ml Kokosmilch
400 ml heiße Gemüsebrühe
1 Bund frischer Koriander, grob gehackt
1 rote Chili, fein geschnitten
1 Limette, in Spalten geschnitten
Meersalz und frisch gemahlener schwarzer Pfeffer
Olivenöl zum Dünsten

Das Zitronengras mit einem Nudelholz oder einem anderen schweren Gegenstand flach klopfen. Die Stängel sollten aufplatzen, damit die herrlich frischen Öle auslaufen und das Gericht würzen können.

In einem großen Topf etwas Olivenöl erhitzen. Zwiebeln, Knoblauch, Chili und Zitronengras in den Topf geben und 4–5 Minuten dünsten bzw. so lange, bis die Zwiebeln weich sind. Linsen und Kokosmilch zugeben und alles 3–4 Minuten köcheln lassen.

Nach und nach die Gemüsebrühe zugeben, bis die Linsen gar sind und aufbrechen. Das dauert in der Regel 20–25 Minuten.

Mit Salz und Pfeffer würzen. Koriander und rote Chili darüberstreuen und sofort mit Limettenstücken servieren. Dazu schmeckt Quinoa mit einigen Gojibeeren, in das frische Korianderblätter und etwas Limettensaft gerührt werden.

Gesunde Snacks

Wenn wir uns gesund ernähren möchten, ist das mit einem Snack so eine Sache. Die Versuchung wartet überall in Form von Convenienceprodukten wie Schokoriegeln, Chips oder anderen ungesunden Naschereien. Mit etwas Planung und Organisation können Sie selbst gesunde Snacks herstellen, die die Knabberlust befriedigen und zugleich nahrhaft sind.

Köstliche Dattelscheiben Dattelscheiben sind süß, klebrig und machen unglaublich süchtig. So wie in diesem Rezept zubereitet sind sie wirklich gut, denn sie liefern eine Extraportion Energie.

FÜR 6–8 PERSONEN

200 g Datteln, entsteint, gehackt
3 EL Honig
150 ml Kokosfett zzgl. etwas für die Backform
750 g Haferflocken
200 g Vollkornmehl
3 EL gemischte Samen

Den Backofen auf 150 °C vorheizen. Eine Backform (20 cm Durchmesser) mit Kokosfett einreiben. Die Datteln in einen Topf geben und 4 EL Wasser zugeben. Bei schwacher Hitze zugedeckt 1–2 Minuten köcheln, bis eine Paste entsteht.

In einem zweiten Topf Honig und Kokosfett erwärmen. Haferflocken, Mehl und Samen in einer Schüssel mischen. Das Honig-Kokosfett zugeben und alles zu einem Teig verrühren.

Die Hälfte des Teiges in die gefettete Backform geben und verstreichen. Die Dattelpaste daraufverstreichen. Dann den Rest des Teiges darübergeben und glatt verstreichen.

Im vorgeheizten Backofen 30 Minuten backen bzw. so lange, bis das Ganze eine goldbraune Farbe hat. Abkühlen lassen und in Quadrate schneiden.

Zwei großartige kleine Zwischenmahlzeiten, die Sie im Kühlschrank aufbewahren können – für den Augenblick, in dem Sie Lust aufs Dippen haben. Guacamole enthält viele gesunde Fette, die für nahezu alles, was sich im Körper abspielt, von Bedeutung sind.

GELENKE & KNOCHEN
Osteoporose
NERVENSYSTEM
Angsterkrankungen, Stress
KREISLAUF & HERZ
Bluthochdruck, hohe Cholesterinwerte
FORTPFLANZUNGS- & UROGENITALSYSTEM
Menstruationsbeschwerden

Schnelle Makrelenpâté

FÜR 2–3 PERSONEN
3 geräucherte Makrelenfilets
3 EL probiotischer Joghurt
Saft von ½ Zitrone
1 EL Kapern, abgespült, grob gehackt
Meersalz und frisch gemahlener schwarzer Pfeffer

Die Makrelenfilets häuten, zerpflücken und in eine Küchenmaschine geben. Joghurt und Zitronensaft zugeben und mit Salz und reichlich schwarzem Pfeffer würzen.

Bei langsamer Geschwindigkeit die Kapern einrühren, einige Kapern zum Bestreuen beiseitelegen. Soll die Pâté gröber sein, die Zutaten mit einer Gabel vermengen. Dazu Crudités reichen.

HAUT *Psoriasis*
KREISLAUF & HERZ
Herzkrankheiten

Guacamole mit Zwiebeln und Tomaten

FÜR 1–2 PERSONEN
2 große, sehr reife Avocados
2 EL extra natives Olivenöl
Saft von ½ Limette
1 Knoblauchzehe, fein gehackt
1 frische grüne Chili, fein gehackt
½ rote Zwiebel, sehr fein gehackt
5–6 Kirschtomaten, geviertelt
Meersalz und frisch gemahlener schwarzer Pfeffer

Die Avocados halbieren, das Fruchtfleisch herauskratzen und in eine Küchenmaschine geben. 2 EL Öl, Limettensaft, Knoblauch und Chili hinzufügen und mit 1 guten Prise Salz würzen. Auf höchster Stufe zu einem glatten Püree verarbeiten. Wer es gröber mag oder keine Küchenmaschine hat, kann die Zutaten mit einer Gabel zerdrücken.

Die Guacamole in eine Schüssel füllen. Gehackte Zwiebeln und Tomaten untermengen. Mit Salz und schwarzem Pfeffer abschmecken und servieren.

METABOLISCHE ERKRANKUNGEN *Diabetes (Typ 2)*
KREISLAUF & HERZ *hohe Cholesterinwerte*
VERDAUUNGSSYSTEM *Verstopfung, Hämorrhoiden, Reizdarm*

Apfel-Zimt-Gebäck Diese Kekse sind herrlich saftig. Die Kombination von Zimt und Haferflocken ist für mich das ganz große Los.

FÜR 6–10 PLÄTZCHEN
2 Äpfel
2 EL Kokosfett zzgl. etwas
  für die Backform
2 EL Honig
180 g Haferflocken
2 TL Zimt
1 EL getrocknete Cranberrys
1 EL Kürbiskerne

Den Backofen auf 180 °C vorheizen und eine quadratische Backform (20 x 20 cm) mit Kokosfett einreiben. Die Äpfel vierteln, entkernen und ungeschält in eine Küchenmaschine geben. Zu einem groben Püree verarbeiten, gegebenenfalls einen Spritzer Wasser zugeben.

In einem Topf bei mittlerer Hitze Kokosfett und Honig erwärmen. Hat sich der Honig aufgelöst, das Apfelpüree unterrühren. Haferflocken, Zimt, Cranberrys und Kürbiskerne zugeben und alles zu einem klebrigen Teig vermengen.

Den Teig in die vorbereitete Form füllen und glatt streichen. Im vorgeheizten Backofen in etwa 20 Minuten goldbraun backen. Abkühlen lassen und in Quadrate schneiden.

Dattel-Walnuss-Kugeln Wenn Sie einen kleinen Energieschub benötigen, essen Sie ganz einfach eine Dattel-Walnuss-Kugel. Spirulina-Algen enthalten sehr viele Proteine, essenzielle Fettsäuren und B-Vitamine. Sie sind in Reformhäusern erhältlich.

FÜR 10–12 KUGELN
250 Datteln, entsteint
250 g Walnüsse
3 TL Spirulina-Pulver
Kokosraspel zum Bestreuen

Datteln, Walnüsse und Spirulina-Pulver in eine Küchenmaschine geben und bei hoher Geschwindigkeit zu einer festen Paste verarbeiten.

Kokosraspel auf einen Teller streuen und einen leeren Teller danebenstellen. Die Verarbeitung der Zutaten bei hoher Geschwindigkeit sorgt dafür, dass das Öl aus den Walnüssen freigesetzt wird. Der Teig wird sehr ölig. Walnussgroße Teighäufchen abnehmen, zu Kugeln rollen und in den Kokosraspeln wälzen.

Die Dattel-Walnuss-Kugeln auf den sauberen Teller legen und für einige Stunden in den Kühlschrank stellen. Auf diese Weise werden sie fester und erhalten eine wunderbare Textur.

Bananen-Erdnuss-Schnitten Diese sagenhaften Schnitten geben einem das Gefühl, in einen leckeren Keks zu beißen. Kaum zu glauben, dass sie so gesund sind. Kokosfett ist zum Backen gesünder als Butter. Sie erhalten es in jedem guten Supermarkt oder in Reformhäusern bzw. Bio-Läden.

FÜR 8 SCHNITTEN
3 sehr reife Bananen
1 EL Kokosfett zzgl. etwas
 für die Backform
1 EL Honig
2 EL grobkörnige
 Erdnussbutter
280 g Haferflocken
2 EL Leinsamen

Den Backofen auf 180 °C vorheizen und eine quadratische Backform (20 x 20 cm) mit 1 TL Kokosfett einreiben. Die Bananen schälen, in Stücke teilen und in einer Schüssel mit einer Gabel zerdrücken. Das restliche Kokosfett, Honig und Erdnussbutter in einen Topf geben und bei schwacher Hitze erwärmen, bis die Zutaten eine homogene Creme bilden. Dann sofort mit dem Bananenmus vermengen.

Haferflocken und Leinsamen unterrühren, bis ein klebriger Teig entsteht.

Den Teig in die vorbereitete Form füllen und glatt streichen. In etwa 20 Minuten im vorgeheizten Backofen goldbraun backen.

Abkühlen lassen und dann in Stücke schneiden.

NERVENSYSTEM *Depression, Stress*
KREISLAUF & HERZ *Bluthochdruck, hohe Cholesterinwerte*
VERDAUUNGSSYSTEM *Verstopfung*

Kernige Gojibeeren-Dattel-Schnitten

Dieses Gebäck ist schnell und einfach zuzubereiten. Es schmeckt süß und köstlich und liefert Nährstoffe für viele Stunden. Es ist schon etwas Feines, wenn Gesundes so gut schmeckt.

FÜR 8 SCHNITTEN

- 8 EL gemischte Samen und Kerne (z. B. Leinsamen, Kürbis, Sesam, Sonnenblume)
- 3 Handvoll Gojibeeren
- 1 Handvoll Datteln, entsteint
- 4 EL Kakaopulver
- 1 TL Kokosraspel
- 1 TL Zimt
- 4 EL Kokosfett
- 1 EL Nüsse, z. B. Pekannüsse, Walnüsse oder Paranüsse, gehackt
- 1 EL getrocknete Früchte, z. B. Aprikosen oder Cranberrys, gehackt

Alle Zutaten bis auf Kokosfett, Nüsse und Trockenfrüchte und jeweils 1 EL Samen und Gojibeeren in eine Küchenmaschine geben. Das Ganze zu einer groben Mischung verarbeiten.

Kokosfett im heißen Wasserbad erwärmen, dann zu den Zutaten in die Küchenmaschine geben. Bei hoher Geschwindigkeit so lange verarbeiten, bis die Zutaten eine feste Paste bilden.

Eine quadratische Backform (20 x 20 cm) mit Backpapier auslegen, die Paste in die Form geben und glatt verstreichen. Die restlichen Samen und Gojibeeren mit den gehackten Nüssen und Trockenfrüchten daraufstreuen. Für mindestens 3 Stunden in den Kühlschrank stellen. Dann in acht Schnitten teilen.

Schnelle Hauptgerichte

Auf den nächsten Seiten finden Sie Rezepte, die Sie auch in der Woche am Abend schnell zubereiten können. Sie schmecken ausgezeichnet, machen glücklich und liefern wertvolle Nährstoffe. Nach einem langen Arbeitstag sind sie genau das Richtige, weil sie weder große Mühe noch Umstände machen.

HAUT *Akne*
GELENKE & KNOCHEN *Bursitis*
ATMUNGSORGANE *Asthma*
METABOLISCHE ERKRANKUNGEN *Diabetes (Typ 2)*
KREISLAUF & HERZ *Bluthochdruck, hohe Cholesterinwerte*

Spinat-Pesto-Penne Ein köstliches und überaus sättigendes Gericht, das jede Menge gesunder Pflanzenwirkstoffe liefert. Einfach, kräftigend, lecker.

FÜR 2 PERSONEN

200 g Walnüsse
60 g frische Basilikumblätter
2 Knoblauchzehen
1 EL gemahlene Leinsamen
1 EL frisch geriebener
   Parmesan
1 EL extra natives Olivenöl
   zzgl. etwas zum Dünsten
1 EL Leinsamenöl
200 g Vollkornpenne
3 Handvoll junge Spinatblätter
Meersalz und frisch gemahlener schwarzer Pfeffer

Walnüsse, Basilikumblätter, Knoblauch, gemahlene Leinsamen, Parmesan, je 1 EL Oliven- und Leinsamenöl in einen Mixer geben und zu einem glatten Pesto verarbeiten.

In einem großen Topf Salzwasser aufkochen, dann die Penne hinzufügen und 8–10 Minuten köcheln lassen. Die Nudeln sollten gar sein, aber noch etwas Biss haben.

In der Zwischenzeit in einer großen Pfanne etwas Olivenöl erhitzen. Spinat hineingeben und 1–2 Minuten dünsten, bis die Blätter ein wenig zusammenfallen. Die Nudeln abgießen und mit dem Spinat mischen. Mit Salz und Pfeffer abschmecken.

Topf oder Pfanne vom Herd nehmen und das Pesto unterrühren. Sofort servieren. Der Pesto darf nicht kochen, denn das zerstört die gesunden essenziellen Fettsäuren.

Süßkartoffel-Spinat-Curry Der Gedanke, ein richtiges Curry zu kochen, mag einige erschrecken. Doch es ist gar nicht so schwer, wenn Sie erst einmal die Geschmackskombinationen unterschiedlicher Gewürze kennengelernt haben.

FÜR 3–4 PERSONEN

1 EL Olivenöl
2 rote Zwiebeln, fein geschnitten
2 große Knoblauchzehen, fein gehackt
1 TL frisch geriebener Ingwer
2 grüne Chilis, klein geschnitten
1 TL gemahlener Koriander
1 TL gemahlener Kreuzkümmel
1 TL schwarze Senfsamen
1 geh. TL gemahlene Kurkuma
800 g Süßkartoffeln mit Schale, in 3 x 3 cm große Würfel geschnitten
380 ml Gemüsebrühe
150 g Spinatblätter, grob gehackt
1 große Handvoll frische Korianderblätter, grob zerkleinert
1 EL geröstete Mandelblätter
Meersalz

In einem großen Topf bei mittlerer Temperatur 1 EL Olivenöl erhitzen. Zwiebeln, Knoblauch, Ingwer und Chilis zugeben und in 4–5 Minuten weich dünsten. Alle Gewürze zugeben und erhitzen, bis sie duften.

Die Süßkartoffeln in den Topf geben und die Gemüsebrühe zugießen. Aufkochen und 15–20 Minuten köcheln bzw. so lange, bis die Süßkartoffeln gar sind.

Die Spinatblätter hinzufügen und alles mit Salz abschmecken. Sobald die Spinatblätter etwas zusammengefallen sind, das Curry mit Korianderblättern und Mandelblättern bestreuen und sofort servieren. Dazu schmecken leicht gedünstete Salatblätter oder ein frischer Salat.

HAUT *Ekzeme, Psoriasis*
GELENKE & KNOCHEN *Rachitis*
KREISLAUF & HERZ *Bluthochdruck, Herzkrankheiten*
VERDAUUNGSSYSTEM *Blähungen*

Rote Paprika mit Kräuter-Ziegen-käse-Füllung Eine fantastische Geschmackskombination. Die Kräuter in dieser kleinen Mahlzeit liefern jede Menge Vitamine und andere gesunde Inhaltsstoffe.

FÜR 2 PERSONEN
2 rote Paprika
200 g weicher Ziegenkäse
1 Handvoll frische
  Petersilienblätter, fein
  gehackt
1 Handvoll frische
  Korianderblätter, fein
  gehackt
1 Handvoll frischer Dill, fein
  gehackt
1 TL Olivenöl
2 TL Zitronensaft
1 TL Pinienkerne
Meersalz und frisch gemahlener schwarzer Pfeffer

Den Backofen auf 200 °C vorheizen. Die Paprika längs halbieren, entkernen und weiße Trennhäute entfernen. Die Paprikahälften mit der Schnittfläche nach unten auf ein tiefes Backblech legen und etwas Wasser zugeben. Im Backofen in etwa 15 Minuten weich backen.

In der Zwischenzeit in einer Schüssel den Ziegenkäse mit einer Gabel zerkrümeln. Zunächst die Kräuter, dann Olivenöl und Zitronensaft unterrühren. Mit Salz und Pfeffer würzen und alles zu einer geschmeidigen Mischung verrühren.

Die Paprika aus dem Ofen nehmen und wenden. Die Käse-Kräuter-Creme in die Paprikahälften füllen und mit Pinienkernen bestreuen. Für weitere 10–12 Minuten in den Backofen schieben, bis alles leicht gebräunt ist. Aus dem Ofen nehmen und mit einem Salat servieren.

Zucchini mit Balsamico-Zwiebeln und Ziegenkäse Ein herrlich leichtes Gericht, das gut schmeckt und einen hohen Nährwert hat.

FÜR 1 PERSON
½ rote Zwiebel, fein
　geschnitten
1 TL Balsamico
1 TL Honig
1 große Zucchini
75 g weicher Ziegenkäse
Meersalz und frisch gemah-
　lener schwarzer Pfeffer
Olivenöl zum Dünsten

In einem kleinen Topf etwas Olivenöl erhitzen und die Zwiebeln in 4–5 Minuten darin weich dünsten, dann Balsamico und Honig zugeben. Gut umrühren und so lange dünsten, bis alles eine sämige Konsistenz hat. Beiseitestellen.

In der Zwischenzeit den Backofen auf 200 °C vorheizen. Die Zucchini längs halbieren und die Kerne mit einem Löffel herauskratzen. Zucchini mit der Schnittseite nach unten in ein tiefes Backblech legen und den Boden mit wenig Wasser bedecken. Im vorgeheizten Backofen 15 Minuten backen, dann sollte die Zucchini schon etwas weich sein.

Jetzt vorsichtig das übrig gebliebene Wasser aus dem Backblech gießen. Die Zucchinihälften wenden und mit der Zwiebelmischung füllen. Mit Salz und Pfeffer bestreuen. Den Ziegenkäse darüberkrümeln und die Zucchini für weitere 5–8 Minuten in den Backofen schieben. Dann sollte der Käse eine goldgelbe Farbe haben. Sofort servieren.

Kürbis-Brokkoli-Salat mit Orangen-Senf-Dressing

In diesem Gericht verstecken sich einige Zutaten, die schon immer als gesundheitsfördernd galten. Und sie liefern heute noch jede Menge Antioxidanzien und viele Vitamine.

FÜR 2 PERSONEN

¼ Butternut-Kürbis, ungeschält, in kleine Würfel geschnitten
150 g Brokkoliröschen
100 g junge Spinatblätter
150 g Kirschtomaten, halbiert
100 g Granatapfelkerne
Saft von 1 Orange
1 geh. TL grobkörniger Senf
1–2 EL Olivenöl zzgl. etwas zum Beträufeln
Meersalz und frisch gemahlener schwarzer Pfeffer

Den Backofen auf 200 °C vorheizen. Die Kürbiswürfel in eine Backform füllen und mit Olivenöl beträufeln. 20 Minuten im vorgeheizten Backofen garen. Dann sollte der Kürbis weich und die Schale leicht karamellisiert sein.

In der Zwischenzeit einen Topf Wasser aufkochen und den Brokkoli darin 3–4 Minuten kochen. Die Röschen sollten noch Biss haben und leuchtend grün sein. Abgießen.

Spinat und Kirschtomaten in eine Salatschüssel geben. Kürbis, Brokkoli und Granatapfelkerne zufügen, mit Salz und Pfeffer würzen. Die Zutaten gut mischen.

Orangensaft, Senf und 1–2 EL Olivenöl verrühren und den Salat damit anrichten.

HAUT *Ekzeme, Psoriasis*
GELENKE & KNOCHEN *Bursitis*
NERVENSYSTEM *Angsterkrankungen*
KREISLAUF & HERZ *hohe Cholesterinwerte*
VERDAUUNGSSYSTEM *Blähungen, Morbus Crohn*

Gebackene Süßkartoffeln mit Hummus Ein sättigendes Gericht, das reichlich lösliche Ballaststoffe, β-Sitosterol, β-Carotin und Omega-3-Fettsäuren liefert.

FÜR 2 PERSONEN

2 mittelgroße Süßkartoffeln
1 Dose Kichererbsen (400 g),
    abgespült, abgetropft
1 EL Sesamsamen
2 EL Leinsamenöl
1 Knoblauchzehe, fein gehackt
Saft von ½ Zitrone
1 Handvoll frische
    Petersilienblätter, grob
    gehackt (nach Belieben)
Meersalz und frisch gemahlener schwarzer Pfeffer

Den Backofen auf 200 °C vorheizen. Die Süßkartoffeln auf ein Backblech legen und 40 Minuten im Backofen garen. Sie sollten dann sehr weich sein.

In der Zwischenzeit Kichererbsen, Sesamsamen, Leinsamenöl, Knoblauch und Zitronensaft in einem Mixer oder einer Küchenmaschine zu einem glatten Hummus verarbeiten. Mit Salz und Pfeffer würzen.

Die gegarten Süßkartoffeln längs durchschneiden und jeweils einen großen Klecks Hummus daraufgeben. Nach Belieben mit Petersilie bestreuen. Sofort servieren.

Vollkorn-Bohnen-Quesadillas Diese Quesadillas sind lecker, nahrhaft und sättigend. Ein richtiges Trostessen!

FÜR 2 PERSONEN

2 Knoblauchzehen, fein gehackt

1 kleine grüne Chili, entkernt, fein gehackt

½ TL gemahlener Kreuzkümmel

1 Dose gemischte Bohnen (400 g), abgespült, abgetropft

150 g Kirschtomaten, grob gehackt

2 große oder 4 kleine Vollkorntortillas

1 Bund frische Korianderblätter, grob gehackt

1 große Handvoll geriebener, fettarmer Cheddar

Meersalz und frisch gemahlener schwarzer Pfeffer

Olivenöl zum Braten zzg. etwas zum Bestreichen

In einem Topf etwas Olivenöl erhitzen, dann Knoblauch, Chili und Kreuzkümmel 2 Minuten darin braten.

Bohnen und Tomaten ebenfalls in den Topf geben und etwa 10–15 Minuten mitgaren. Die Flüssigkeit aus den Tomaten sollte dann verdampft sein und alles sollte die Konsistenz eines Tomaten-Bohnen-Eintopfes haben. Mit Salz und Pfeffer abschmecken. Den Backofen auf 180 °C vorheizen.

Die Tortillas flach ausbreiten, jeweils 1 großen EL von der Tomatenmischung daraufgeben und verstreichen. Jeweils mit etwas Koriander und geriebenem Cheddar bestreuen. Die Tortillas so zusammenklappen, dass Päckchen entstehen.

Diese Quesadillas mit der Faltseite nach unten auf ein Backblech legen. In etwa 10 Minuten im vorgeheizten Backofen goldbraun backen. Alternativ eine gerillte Pfanne mit etwas Olivenöl ausstreichen und die Quesadillas bei mittlerer Hitze von beiden Seiten braten. Sofort servieren.

IMMUNSYSTEM *Erkältung & Fieber*
NERVENSYSTEM *Angsterkrankungen, Schlafstörungen, Migräne, Stress*
VERDAUUNGSSYSTEM *Verstopfung*

Grünkohl-Kartoffel-Salat mit Erd-nuss-Chili-Sauce Viele denken, roher Grünkohl sei zäh und gummiartig. Doch auf diese Weise zubereitet wird Grünkohl so, als wäre er gegart. Und die Nährstoffe bleiben erhalten.

FÜR 2 PERSONEN

8 kleine Kartoffeln
200 g Grünkohl
1–2 EL Olivenöl
2 Knoblauchzehen, fein
  gehackt
1 rote Chili, fein gehackt
3 geh. EL Erdnussbutter (ohne
  Salz und Zucker)
1 EL dunkle Sojasauce
1 TL Honig
½ TL Fünfgewürzepulver
10 Kirschtomaten, halbiert
3–4 frische Korianderzweige
Meersalz

In einem Topf die Kartoffeln mit kochendem Wasser bedecken und 15–20 Minuten köcheln lassen. Abgießen und beiseitestellen.

Den Grünkohl in mundgerechte Stücke zupfen, dabei die dicken Stängel entfernen. In eine Schüssel füllen, Olivenöl und 1 gute Prise Salz zugeben, dann mit den Händen gut durchkneten. Auf diese Weise wird der Grünkohl weich.

In einer kleinen Schüssel Knoblauch, Chili, Erdnussbutter, Sojasauce, Honig, Fünfgewürzepulver und 4 EL Wasser verrühren. Am Anfang sieht es so aus, als würde die Mischung gerinnen. Doch je länger man rührt, desto homogener wird die Sauce, die zum Schluss an eine wunderbare Saté-Sauce erinnert. Ist sie zu dickflüssig, etwas mehr Wasser unterrühren.

Die Sauce zum Grünkohl geben und gut untermischen. Kartoffeln und Kirschtomaten halbieren und dazugeben. Alle Zutaten noch einmal gut vermengen. Mit Korianderblättern garnieren und servieren.

HAUT *Akne, Ekzeme, Psoriasis*
GELENKE & KNOCHEN *Rachitis*
METABOLISCHE ERKRANKUNGEN *Diabetes (Typ 2)*
NERVENSYSTEM *Angsterkrankungen, Stress*
FORTPFLANZUNGS- & UROGENITALSYSTEM *Menstruationsbeschwerden*

Quinoasalat mit Räucherforelle

Dieser tolle Salat eignet sich gleichermaßen als leichtes Mittag- oder Abendessen. Keine Sorge wegen des Quinoas. Es ist leicht und schnell zuzubereiten und überdies: Es ist sehr gut für Sie!

FÜR 2 PERSONEN
150 g Quinoa
1 TL Instant-Gemüsebrühe
2 geräucherte Forellenfilets
2 EL gehackte
    Petersilienblätter
1 rote Paprika, fein gewürfelt
1 EL Kapern
2 EL Olivenöl
2 TL Balsamico
½ TL gerebelte gemischte
    Kräuter
2 Handvoll Rucola
Meersalz und frisch gemahlener schwarzer Pfeffer

Quinoa in einen Topf füllen und mit frisch gekochtem Wasser bedecken. Die Gemüsebrühe einrühren. 10–15 Minuten köcheln lassen, bis das Quinoa gar ist. Abgießen.

Die Forellenfilets in kleine Stücke zupfen. In einer Salatschüssel Quinoa mit Forelle, Petersilie, Paprika und Kapern gut mischen. Mit Salz und Pfeffer würzen.

2 EL Olivenöl, Balsamico und gemischte Kräuter verrühren und das Dressing über den Salat geben. Rucola darauflegen und den Salat servieren.

HAUT *Akne, Ekzeme, Psoriasis*
ATMUNGSORGANE *Asthma*

Geröstete Paprika mit weißem Bohnenmus
Mus aus weißen Bohnen ist so cremig und schmackhaft. Dieses Gericht ist überaus nährstoffreich und könnte nicht leichter zuzubereiten sein.

FÜR 4 PERSONEN

4 Paprika, in lange, breite Streifen geschnitten

2 Zucchini, in 2,5 x 1,5 cm große Stücke geschnitten

2 Knoblauchzehen, zerdrückt

1 Dose Cannellinibohnen (400 g), abgespült, abgetropft

1 Dose Limabohnen (400 g), abgespült, abgetropft

1 Handvoll frische Korianderblätter, grob gehackt

Saft von ½ Zitrone

Meersalz und frisch gemahlener schwarzer Pfeffer

extra natives Olivenöl zum Braten und Musen zzgl. etwas zum Beträufeln

Den Backofen auf 180 °C vorheizen. Paprika und Zucchini in eine Backform legen, mit Olivenöl beträufeln und mit Salz und Pfeffer würzen. Die Hälfte des Knoblauchs darüberstreuen. Gut mischen und 15–20 Minuten im vorgeheizten Ofen backen.

In der Zwischenzeit in einem Topf etwas Olivenöl erhitzen und den restlichen Knoblauch darin 1–2 Minuten braten, bis er duftet. Die Bohnen zugeben und gut verrühren.

Die Bohnen mit einem Stampfer wie Kartoffelpüree musen. Soviel extra natives Olivenöl unterrühren, dass eine cremige Konsistenz erreicht wird.

Korianderblätter und Zitronensaft unterrühren und mit Salz und Pfeffer abschmecken. Geröstete Paprika, Zucchini und Bohnenmus mit einem gemischten Salat servieren.

HAUT *Akne, Ekzeme*
GELENKE & KNOCHEN *Arthritis, Bursitis*
ATMUNGSORGANE *Asthma*
METABOLISCHE ERKRANKUNGEN *Diabetes (Typ 2)*
NERVENSYSTEM *Depression*
KREISLAUF & HERZ *hohe Cholesterinwerte*
FORTPFLANZUNGS- & UROGENITALSYSTEM *Polyzystisches Ovarialsyndrom*

Thunfischsteaks mit Süßkartoffeln und Spitzkohl Das Gericht enthält einige sehr nahrhafte Zutaten und es unterstützt die Gesundheit nahezu aller Körpersysteme.

FÜR 2 PERSONEN
2 große Süßkartoffeln
100 g Spitzkohl, klein
  geschnitten
2 Knoblauchzehen, fein
  gehackt
1 rote Chili, fein gehackt
2 Thunfischsteaks (je 150 g)
Meersalz und frisch gemahlener schwarzer Pfeffer
Olivenöl zum Beträufeln und
  zum Braten

Den Backofen auf 180 °C vorheizen. Die ungeschälten Süßkartoffeln längs durchschneiden und in lange, dünne Spalten schneiden. Mit etwas Öl beträufeln, mit Salz und Pfeffer würzen und auf ein Backblech legen. Im vorgeheizten Backofen etwa 20 Minuten backen, bis die Schale knusprig geworden ist und die Süßkartoffeln eine leicht braune Färbung haben. Zwischendurch mindestens einmal wenden.

In einem Topf etwas Olivenöl erhitzen und den Spitzkohl etwa 5–8 Minuten darin braten. Er sollte dann eine leuchtend grüne Farbe haben. Knoblauch und Chili untermengen und mit Salz und Pfeffer würzen.

In einer Grillpfanne wenig Olivenöl erhitzen. Die Thunfischsteaks von jeder Seite 3–4 Minuten darin braten. Sie sollten innen noch rosa sein. Sie können die Steaks länger braten, aber je länger sie gebraten werden, desto mehr Omega-3-Fettsäuren werden zerstört. Den Thunfisch in größere Stücke schneiden. Auf dem Kohl anrichten und mit den Süßkartoffeln sofort servieren.

HAUT *Akne*
GELENKE & KNOCHEN *Arthritis, Osteoporose*
ATMUNGSORGANE *Asthma*
METABOLISCHE ERKRANKUNGEN *Diabetes (Typ 2)*
NERVENSYSTEM *Angsterkrankungen, Depression*
KREISLAUF & HERZ *Bluthochdruck, hohe Cholesterinwerte*
FORTPFLANZUNGS- & UROGENITALSYSTEM *Endometriose*

Sesam-Soja-Lachs mit Gemüse und Kokosreis Ein sättigendes Gericht mit einem herrlich asiatischen Touch. Ihre Gäste werden begeistert sein.

FÜR 2 PERSONEN
2 EL salzarme Sojasauce
1 TL Sesamöl
1 TL Honig
2 große Lachsfilets
150 g Naturreis
400 ml Kokosmilch
2 EL Kokosraspel
1 Knoblauchzehe, fein gehackt
1 große rote Zwiebel, fein geschnitten
1 Karotte, in dünne Streifen geschnitten
½ Zucchini, in dünne Streifen geschnitten
1 Handvoll junge Spinatblätter
Meersalz
Olivenöl zum Braten

In einer kleinen Schüssel 1 EL Sojasauce mit Sesamöl und Honig zu einer Marinade verrühren. Den Lachs darin mindestens 1 Stunde, am besten über Nacht, marinieren.

In einem Topf den Reis mit kochendem Salzwasser bedecken. Bei mittlerer Hitze in 10 Minuten halbgar köcheln. Die Kokosmilch zugießen und weiterköcheln, bis der Reis gar ist. Gegebenenfalls etwas Wasser zugeben. Die Kokosraspel unterrühren, dann alles in eine vorgewärmte Schüssel füllen und beiseitestellen.

Eine Pfanne bei mittlerer Temperatur erhitzen. Lachs und Marinade hineingeben und unter regelmäßigem Wenden 6–8 Minuten braten.

In der Zwischenzeit in einer großen Pfanne etwas Olivenöl erhitzen und Knoblauch, Zwiebeln, Karotte und Zucchini unter Rühren in 2–3 Minuten weich braten. Den Spinat und die restliche Sojasauce zugeben und 1 weitere Minute unter Rühren braten. Lachs und Gemüse sofort mit Kokosreis servieren.

Hauptgerichte fürs Wochenende

Die folgenden Rezepte sind ideal, wenn Sie etwas mehr Zeit zum Kochen haben oder etwas ganz Besonderes auf den Tisch bringen möchten. Sie sind etwas aufwendiger als die schnellen Hauptgerichte, aber die Mühe lohnt sich. Viele Gerichte werden Sie auch für Ihre Gäste zubereiten wollen.

Gemüse-Crumble mit Haferflocken-Käse-Belag

Ein Essen, das wirklich zufrieden macht. Es liefert sehr viele Antioxidanzien, Ballaststoffe – und, um es nicht zu vergessen, jede Menge Aromen.

FÜR 3–4 PERSONEN

1 große rote Zwiebel, fein gehackt
2 Knoblauchzehen, fein gehackt
1 große Zucchini, gewürfelt
1 kleine Aubergine, gewürfelt
2 rote Paprika, gewürfelt
1 Glas Passata (ca. 430 g, fein passierte Tomaten)
Meersalz und frisch gemahlener schwarzer Pfeffer
Olivenöl zum Dünsten

Für den Belag:
100 g Haferflocken
50 g Vollkornmehl
3 EL Olivenöl
2 EL frisch geriebener Parmesan

In einem Topf etwas Olivenöl erhitzen. Die Zwiebeln und den Knoblauch darin in 4–5 Minuten weich dünsten.

Zucchini, Aubergine und Paprika hinzufügen und so lange weiterdünsten, bis das Gemüse weich ist. Den Backofen auf 200 °C vorheizen.

Die Passata einrühren und das Ganze weitere 15 Minuten köcheln lassen. Dann sollte die Passata um die Hälfte reduziert sein und die Gemüse-Passata-Mischung wie ein Ratatouille aussehen. Mit Salz und Pfeffer abschmecken und in eine Auflaufform füllen.

In der Zwischenzeit den Belag zubereiten. Die trockenen Zutaten mischen, dann nach und nach das Olivenöl einrühren. Nur so viel Öl einrühren, dass Brösel entstehen.

Den Belag auf die Gemüse-Passata-Mischung streuen und den Crumble im vorgeheizten Backofen in 15–20 Minuten goldbraun backen. Vor dem Servieren kurz ruhen lassen und mit Parmesan bestreuen.

Rote-Bete-Erbsen-Risotto mit Minze und Feta

Rote Bete und Minze? Das klingt ungewöhnlich, doch die beiden passen zusammen! Frische Minze haucht erdiger Roter Bete Leben ein. Die heilkräftige Wirkung dieser Mahlzeit ist nicht zu unterschätzen!

FÜR 2–3 PERSONEN

1 große rote Zwiebel, fein gehackt
2 Knoblauchzehen, fein gehackt
250 g Arborioreis
300 g gegarte Rote Bete, gewürfelt
1 l heiße Gemüsebrühe
200 g TK-Erbsen
1 Handvoll frische Minzeblätter, gehackt
200 g Feta, zerkrümelt
Meersalz und frisch gemahlener schwarzer Pfeffer
Olivenöl zum Dünsten

In einem Topf etwas Olivenöl erhitzen. Zwiebeln und Knoblauch darin 4–5 Minuten dünsten, bis die Zwiebeln weich sind. Den Reis zugeben und 1 Minute erhitzen. Den größten Teil der Roten Bete zugeben, den Rest für später beiseitestellen.

Nach und nach die Gemüsebrühe zugießen, bis der Reis weich und gar ist – das kann bis zu 30 Minuten dauern. Dabei oft umrühren. Das Risotto sollte eine feuchte Konsistenz haben, aber nicht mehr flüssig sein.

Wenn der Reis gar ist, Erbsen und Minze zugeben und weitere 2–3 Minuten köcheln lassen.

Die restliche Rote Bete im Mixer zu einem groben Püree verarbeiten. Das Püree zum Risotto geben und gut umrühren. Risotto auf vorgewärmten Tellern anrichten und mit Fetastückchen bestreut servieren.

HAUT *Ekzeme, Psoriasis*
KREISLAUF & HERZ *hohe Cholesterinwerte*
VERDAUUNGSSYSTEM *Blähungen, Verstopfung*
FORTPFLANZUNGS- & UROGENITALSYSTEM
Endometriose, Polyzystisches Ovarialsyndrom, Menstruationsbeschwerden

Kichererbsen-Süßkartoffel-Topf Dieses Rezept zählt zu meinen Winterlieblingen. Es macht rundum glücklich. Alle möglichen gesunden Pflanzenstoffe stecken darin: β-Carotin, Quercetin, Inulin, Schwefel, Phytoöstrogene, Zink – was immer Sie wollen!

FÜR 3 PERSONEN

- 2 große Süßkartoffeln mit Schale, in große Stücke geschnitten
- 1 Knoblauchzehe, fein gehackt
- 1 rote Zwiebel, fein gehackt
- 2 Handvoll junge Spinatblätter
- 1 Dose Kichererbsen (400 g), abgespült, abgetropft
- 4 EL Tomatenmark aus sonnengereiften Tomaten
- 125 g Blauschimmelkäse zum Bestreuen
- Meersalz und frisch gemahlener schwarzer Pfeffer
- Olivenöl zum Dünsten

In einem Topf die Süßkartoffeln mit kochendem Wasser bedecken und 8–10 Minuten köcheln lassen, bis sie weich sind. Gut abgießen, mit Salz und Pfeffer würzen und zu einem glatten Püree verarbeiten.

Den Backofen auf 200 °C vorheizen. In einem Topf etwas Olivenöl erhitzen, Knoblauch und Zwiebeln zugeben. 4–5 Minuten dünsten, bis die Zwiebeln weich sind. Den Spinat hinzufügen und einige Minuten mit erhitzen, bis die Blätter etwas zusammengefallen sind. Zunächst die Kichererbsen, dann das Tomatenmark unterrühren. Mit Salz und Pfeffer abschmecken.

Die Mischung in eine Auflaufform füllen und das Süßkartoffelpüree darauf verstreichen.

Den Blauschimmelkäse zerbröckeln und darüberstreuen. Im vorgeheizten Backofen in 15–20 Minuten goldgelb backen. Einige Minuten vor dem Servieren ruhen lassen.

Grünes Thai-Gemüsecurry Die guten Inhaltsstoffe in diesem Curry aufzuzählen könnte ein ganzes Buch füllen!

FÜR 3–4 PERSONEN

Für die Currypaste:

2 Zitronengrasstängel
2 grüne Chilis
2 Knoblauchzehen
1 große Zwiebel
1 cm frischer Ingwer, geschält
30 g frische Korianderblätter
4 Basilikumblätter
4 Kaffirlimettenblätter
½ TL gemahlener weißer
  Pfeffer
½ TL gemahlener Koriander
3 EL Thai-Fischsauce
1 TL Garnelenpaste
Saft von 1 Limette

Für das Curry:

1 große Zucchini, in Scheiben
  geschnitten
½ rote Paprika, in 1,5 x 1,5 cm
  große Segmente geschnitten
¼ Aubergine, in Würfel
  geschnitten
6–7 Babymaiskolben
100 g Shiitake-Pilze, in
  Scheiben geschnitten
2 Handvoll junge Spinatblätter
400 ml Kokosmilch
200 ml Gemüsebrühe
Kokosfett zum Braten

Für die Currypaste Zitronengras, Chilis, Knoblauch, Zwiebeln und Ingwer in große Stücke schneiden und mit den übrigen Zutaten in eine Küchenmaschine geben. Alles zu einer scharfen Paste verarbeiten.

In einem großen Topf etwas Kokosfett erhitzen und die Currypaste darin 1–2 Minuten erwärmen. Sie sollte eine satte dunkelgrüne Farbe annehmen und nicht mehr ganz so scharf duften.

Gemüse, Kokosmilch und Gemüsebrühe zugeben und 10–15 Minuten köcheln lassen bzw. so lange, bis das Gemüse gar ist.

Aubergine mit Tomaten und Linsen
Trostspendend, sättigend und lecker mit einem leicht mediterranen Touch.

FÜR 2 PERSONEN

1 große Aubergine
180 g rote Linsen
½ rote Zwiebel, fein gehackt
2 Knoblauchzehen, fein gehackt
1 rote Paprika, in 1 x 1 cm große Würfel geschnitten
3 EL Tomatenmark aus sonnengereiften Tomaten
1 Basilikumstängel, die Blätter grob zerkleinert
Meersalz und frisch gemahlener schwarzer Pfeffer
Olivenöl zum Dünsten

Die Aubergine längs durchschneiden und das Fleisch bis auf ½ cm herauskratzen. Das Auberginenfleisch in sehr kleine Würfel hacken.

Den Backofen auf 220 °C vorheizen. Die ausgehöhlten Auberginenhälften mit der Schnittseite nach unten in ein tiefes Backblech legen und Wasser zugeben (etwa 1 cm hoch in der Form). Im vorgeheizten Backofen etwa 15 Minuten backen. Die Aubergine sollte dann schon relativ weich sein.

In einem Topf die Linsen mit Wasser bedecken und aufkochen. Bei mittlerer Temperatur etwa 15–20 Minuten köcheln. Die Linsen sollten dann schon leicht aufbrechen.

In einem weiteren Topf etwas Olivenöl erhitzen, Zwiebeln und Knoblauch zugeben, mit Salz und Pfeffer würzen und in 4–5 Minuten weich dünsten. Die Paprika und das Auberginenfleisch zugeben und weiterdünsten, bis alles weich ist. Die gekochten Linsen zufügen und gut untermengen. Das Tomatenmark einrühren.

Die Linsenmischung in die Auberginenhälften füllen und diese weitere 10–15 Minuten backen. Dann sollten sie schön gebräunt sein und auch die Füllung sollte eine goldgelbe Farbe haben. Mit Basilikumblättern bestreut servieren.

Rote-Bete-Tarte mit Ziegenkäse Ich danke meiner wunderbaren Mutter für dieses Rezept, das ich hier ein wenig variiert habe. Einmal gegessen und jeder ist hin und weg.

FÜR 4–6 PERSONEN
1 große rote Zwiebel, fein
    geschnitten
1 EL Honig
Blätter von 1 Thymianzweig
1 große Scheibe Blätterteig
    (aus dem Kühlregal)
1 Ei, leicht verquirlt
4 große Rote Bete, gegart,
    gewürfelt
150 g Ziegenkäse
50 g Pinienkerne
Olivenöl zum Dünsten
Mehl zum Bestäuben der
    Arbeitsfläche

In einem Topf etwas Olivenöl erhitzen. Die Zwiebeln darin 4–5 Minuten weich dünsten. Honig und Thymianblätter zugeben und so lange weiterdünsten, bis die Zwiebeln karamellisiert sind.

Den Backofen auf 200 °C vorheizen. Eine Arbeitsfläche mit Mehl bestäuben und den Teig ausrollen. Einen großen Teller (25 cm Durchmesser) darauflegen und einen Kreis ausschneiden. Mit einem scharfen Messer einen zweiten kleineren Kreis einritzen (ca. 1 ½ cm vom Rand entfernt), aber nicht durchschneiden. Den Kreis mehrmals mit einer Gabel einstechen, den Rand aber nicht.

Den Teig in eine runde Backform ziehen, einen Rand formen und diesen mit Ei bestreichen. Den Teig in 10–15 Minuten im vorgeheizten Backofen goldgelb backen. Etwas abkühlen lassen. Die Zwiebeln auf dem Teig verteilen, dann die Rote Bete darübergeben. Zunächst den Käse, dann die Pinienkerne daraufstreuen. Weitere 10 Minuten in den Ofen schieben. Sofort servieren. Dazu passt ein grüner Salat.

HAUT *Akne, Ekzeme, Psoriasis*
GELENKE & KNOCHEN *Arthritis*
ATMUNGSORGANE *Asthma*
METABOLISCHE ERKRANKUNGEN *Diabetes (Typ 2)*
NERVENSYSTEM *Angsterkrankungen, Depression, Stress*
KREISLAUF & HERZ *hohe Cholesterinwerte*
FORTPFLANZUNGS- & UROGENITALSYSTEM *Menopause, Menstruationsbeschwerden*

Lachs mit Kräuterkruste Dieses Gericht ist ein absoluter Kraftspender, denn es liefert neben vielen anderen wertvollen Inhaltsstoffen vor allem wertvolle Omega-3-Fettsäuren, die für einen funktionierenden Organismus von größter Bedeutung sind.

FÜR 2 PERSONEN

3 EL Leinsamenschrot (in Reformhäusern erhältlich)
1 EL Vollkornsemmelbrösel
1 TL gerebelter Basilikum
1 TL gerebelter Oregano
1 TL gerebelter Rosmarin
½ Knoblauchzehe, zerdrückt
abgeriebene Schale von 1 unbehandelten Zitrone
1 EL Olivenöl
2 große Lachsfilets
Schnitze von 1 unbehandelten Zitrone zum Servieren
Meersalz und frisch gemahlener schwarzer Pfeffer

Den Backofen auf 190 °C vorheizen und ein Backblech mit Alufolie auslegen. Leinsamen, Semmelbrösel, Kräuter, Knoblauch, Zitronenschale und 1 EL Olivenöl in einer Schüssel verrühren und mit Salz und Pfeffer würzen.

Den Belag auf die Lachsfilets (Fleischseite nach oben) streichen und die Filets auf das vorbereitete Backblech legen.

Im Backofen 8–10 Minuten backen, bis die Kruste goldbraun ist.

Mit Zitronenschnitzen und einem gemischten Blattsalat servieren.

HAUT *Akne*
GELENKE & KNOCHEN *Arthritis*
IMMUNSYSTEM *Erkältung & Fieber*
KREISLAUF & HERZ *Bluthochdruck, Herzkrankheiten*

Scharfes Garnelencurry Garnelen sind gut für eine gesunde Haut und für die körpereigene Abwehr. Für echte Curry-fans ist dieses Essen einfach göttlich.

FÜR 2–3 PERSONEN

1 große Zwiebel, grob gehackt
4 Knoblauchzehen, fein gehackt
1 rote Chili, grob gehackt
2 ½ cm frischer Ingwer, geschält, grob gehackt
200 g Kirschtomaten, grob gehackt
2 TL mildes Currypulver
1 TL gemahlene Kurkuma
½ TL gemahlener Kreuz-kümmel
1 TL gemahlener Koriander
1 TL Garam Masala
400 g rohe Tigergarnelen
3 EL probiotischer Joghurt
½ TL Zimt
1 kleine Handvoll Koriander-blätter, grob gehackt
Meersalz
Olivenöl zum Braten

Zwiebeln, Knoblauch und Chili in einen Mixer geben und zu einem feinen Püree verarbeiten.

In einem großen Topf etwas Olivenöl erhitzen, Zwiebelpüree und Ingwer mit etwas Salz zuge-ben und 10 Minuten braten. Das Püree sollte dann sehr viel dunkler in der Farbe und nicht mehr ganz so scharf sein.

Die Kirschtomaten und alle Gewürze außer Zimt zufügen. Weitere 10 Minuten braten, dabei ab und zu umrühren.

Garnelen und Joghurt zugeben und weitere 10 Minuten erhitzen. Gelegentlich umrühren.

Den Zimt einrühren und das Curry mit Korian-derblättern bestreuen. Mit gekochtem Quinoa oder einem grünen Salat servieren.

Thunfischsteak mit Haferflockenkruste und Spargelpüree Manchmal zaubere ich auf Partys dieses Gericht, weil es toll aussieht und ein besonders feines Aroma hat. Nicht zu vergessen: Es ist gut für die Gesundheit.

FÜR 2 PERSONEN
1 kleine Zwiebel, fein gehackt
250 g grüner Spargel
4 EL Hafermehl
2 EL frisch geriebener Parmesan
2 große Thunfischsteaks (je 150 g)
Meersalz und frisch gemahlener schwarzer Pfeffer
Olivenöl zum Dünsten zzgl. etwas zum Einfetten

Den Backofen auf 200 °C vorheizen. Ein Backblech mit Alufolie auslegen und dieses mit Öl einfetten.

In einem Topf etwas Olivenöl erhitzen und die Zwiebeln darin in 5–8 Minuten weich dünsten. Den Spargel zugeben und 1 Minute mitbraten. So viel Wasser zugeben, dass der Spargel gut bedeckt ist. 10 Minuten köcheln lassen, bis der Spargel weich ist und eine leuchtend grüne Farbe hat. Mit Salz und Pfeffer würzen, in eine Küchenmaschine geben und zu einem sämigen Püree verarbeiten. Beiseitestellen.

Hafermehl und Parmesan mit Salz und Pfeffer auf einen Teller geben und mischen. Die Thunfischsteaks darin wälzen, bis sie von allen Seiten gut bedeckt sind. Die Steaks auf das vorbereitete Backblech legen und im vorgeheizten Backofen in 15–20 Minuten goldbraun backen.

Das Spargelpüree erwärmen. Den Thunfisch jeweils in die Mitte eines Tellers legen und das Spargelpüree rundherum anrichten.

Gegrillte Makrele mit sautiertem Fenchel und Porree Ein umwerfendes Essen, das mit Mengen von Nährstoffen aufwartet. Obwohl es leicht ist, macht es satt.

FÜR 2 PERSONEN

2 frische Makrelenfilets
1 Knoblauchzehe, fein gehackt
1 rote Chili, fein gehackt
1 große Porreestange, in sehr dünne Scheiben geschnitten
2 kleine Fenchelknollen, in dünne Streifen geschnitten
8 Kirschtomaten
1 unbehandelte Zitrone, in Stücke geschnitten, zum Servieren
Meersalz und frisch gemahlener schwarzer Pfeffer
Olivenöl zum Dünsten

Den Backofengrill auf höchster Stufe vorheizen. Die Makrelenfilets auf ein Backblech legen und mit Salz und Pfeffer würzen. Im vorgeheizten Backofen in 5–7 Minuten goldgelb grillen.

In einem Topf etwas Olivenöl erhitzen. Knoblauch und Chili bei schwacher Hitze darin 1 Minute dünsten. Porree und Fenchel hinzufügen und in etwa 5–8 Minuten weich garen. Nach 2 Minuten die Kirschtomaten zugeben.

Jeweils etwas vom sautierten Porree und Fenchel in die Mitte zweier Teller häufeln. Die gegrillten Filets darauflegen und Zitronenstücke dazulegen. Sofort servieren. Dazu schmecken gekochte junge Kartoffeln.

Gegrillter Lachs mit Spinat und Karottenmus Die Inspiration zu diesem Essen stammt aus Dublin. Sie werden das würzige Karottenmus lieben. Es harmoniert ganz hervorragend mit dem Lachs.

FÜR 2 PERSONEN

5 große Karotten, in Scheiben
  geschnitten
2 große Lachsfilets
2 große Handvoll junge
  Spinatblätter
40 g Butter
½ TL Currypulver
Blätter von 2 Petersilien-
  stängeln, fein gehackt
Meersalz und frisch gemahlener schwarzer Pfeffer
Zitronenspalten zum Servieren

In einem kleinen Topf die Karotten mit Wasser bedecken. Aufkochen, dann bei mittlerer Hitze 10–15 Minuten köcheln lassen. Noch besser ist es, die Karotten nur zu dämpfen, so bleiben noch mehr Nährstoffe erhalten.

Den Backofengrill auf höchster Stufe vorheizen. Die Lachsfilets auf ein Backblech legen und 8–10 Minuten grillen, bis die Filets eine schöne goldbraune Farbe haben. Einmal zwischendurch wenden.

Den Spinat mit einigen EL Wasser in einen Topf geben, bei großer Hitze offen 3–4 Minuten kochen lassen, bis die Blätter etwas zusammengefallen sind. Gut abgießen.

Die Karotten abgießen und in eine große Schüssel füllen. Mit einem Kartoffelstampfer zermusen, Butter und Currypulver einrühren, mit Salz und Pfeffer abschmecken und noch einmal musen, bis das Püree eine glatte Konsistenz hat. Die Petersilienblätter unterrühren. Den Spinat auf zwei Tellern jeweils in die Mitte setzen, den Lachs darauflegen und das Karottenmus daneben anrichten. Mit Zitronenspalten servieren.

Marinierte Makrele mit Roter Bete und Meerrettich

Das hört sich nach einer eigenwilligen Kombination an, doch Rote Bete und Meerrettich sind eine klassische Kombination. Das intensive Aroma der Makrele macht dieses Gericht zu einem Erlebnis.

FÜR 2 PERSONEN
2 große Rote Bete, gegart
4 TL Meerrettich
1 EL probiotischer Joghurt
Saft von ½ Zitrone
2 Makrelenfilets
Meersalz und frisch gemahlener schwarzer Pfeffer

Für die Marinade Rote Bete, Meerrettich, Joghurt und Zitronensaft in eine Küchenmaschine geben und zu einem glatten Püree verarbeiten. Abschmecken.

In einer Schüssel die Makrelenfilets mit der Marinade bedecken. Im Kühlschrank 2–3 Stunden marinieren lassen.

Den Backofen auf 190 °C vorheizen. Ein Backblech mit Alufolie auslegen. Die Makrelenfilets darauflegen und im vorgeheizten Ofen etwa 8 Minuten garen. Für die Garprobe eine Messerspitze einführen: Das Fleisch sollte auseinanderbrechen und nicht mehr durchsichtig sein.

Mit geröstetem Gemüse, Quinoa, Salat oder im Wrap servieren.

HAUT *Akne, Ekzeme*
GELENKE & KNOCHEN *Arthritis*
METABOLISCHE ERKRANKUNGEN *Diabetes (Typ 2)*
NERVENSYSTEM *Angsterkrankungen, Depression, Stress*
FORTPFLANZUNGS- & UROGENITALSYSTEM *Polyzystisches Ovarialsyndrom*

Lachs-Garnelen-Spieße mit Zitrus-Quinoa-Salat Ein herrliches Essen, perfekt für den Sommer. Es stellt dem Körper jede Menge Mineralien, Fettsäuren und Proteine zur Verfügung – und viele andere Dinge darin sind gut für Sie. Bitten Sie Ihren Fischhändler, den Fisch zu häuten.

FÜR 1–2 PERSONEN
1 großes Lachsfilet ohne Haut, in mundgerechte Würfel geschnitten
100 g rohe Riesengarnelen
100 g Quinoa
1 Würfel Gemüsebrühe
2 EL gehackte Petersilienblätter
abgeriebene Schale und Saft von 1 unbehandelten Limette
Meersalz und frisch gemahlener schwarzer Pfeffer

Den Grill auf höchster Stufe vorheizen. Lachs und Garnelen im Wechsel auf Metallspieße stecken. Mit Salz und Pfeffer würzen und etwa 10 Minuten grillen, dabei 2–3-mal wenden.

Einen Topf Wasser aufkochen und das Quinoa hineingeben (siehe Packungsanleitung). Den Brühwürfel zufügen und 10–15 Minuten köcheln. Danach sollten die Körner durchsichtig mit einem kleinen weißen „Schwanz" an der Seite sein.

Quinoa in eine Schüssel geben und die Petersilienblätter unterrühren. Schale und Saft von der Limette hinzufügen und mit Salz und Pfeffer würzen. Gut umrühren.

Den Quinoasalat auf Tellern anrichten und die Spieße darauflegen. Sofort mit einem Rucolasalat servieren.

Süßes

Viele glauben, eine gesunde Ernährung hätte etwas mit Selbstgeißelung und Enthaltsamkeit zu tun und Süßigkeiten seien absolut tabu. Aber ein Leben ohne Genuss, das ist kein Leben. Und wenn Sie auf alles verzichten, landen Sie schon bald wieder bei Ihren ungesunden Essgewohnheiten. Mit etwas Fantasie und einer bewussten Auswahl der Zutaten können Sie einen Kuchen backen und genießen: Ja, Sie können Süßes zubereiten, von dem auch Ihre Gesundheit profitiert.

Probiotischer Joghurt mit Ananas, Papaya und Minze Selbst gemachte und gefrorene Joghurts und Sorbets sind leicht zuzubereiten. Sie brauchen nur etwas Zeit. Und dieses Dessert schmeckt herrlich frisch.

FÜR 2–3 PERSONEN
1 kleine reife Ananas
1 kleine reife Papaya
1 Handvoll frische
   Minzeblätter
1 EL Honig
500 g probiotischer Joghurt

Von der Ananas Boden und Deckel abschneiden, die Schale von oben nach unten mit einem scharfen Messer abschneiden. Die Haut und die schwarzen Punkte entfernen. Das geht am besten mit der Messerspitze. Das Fruchtfleisch in grobe Stücke schneiden und in eine Küchenmaschine geben. Die Papaya halbieren, entkernen, das Fleisch herauskratzen und ebenfalls in die Küchenmaschine geben.

Die Minze hacken und mit Honig und Joghurt ebenfalls in die Küchenmaschine füllen. Bei hoher Geschwindigkeit zu einer Creme verarbeiten. Sie sollte einem Smoothie ähneln. Die Creme in eine Form gießen und ins Tiefkühlfach stellen. Nach 30 Minuten sollte der Rand bereits gefroren sein. Die Eiskristalle mit einer Gabel aufbrechen und die Form für weitere 30 Minuten ins Tiefkühlfach stellen. Alternativ kurz in der Küchenmaschine durchrühren und wieder in die Form gießen oder löffeln.

Nach 30 Minuten aus dem Fach nehmen und noch einmal mit einer Gabel die Eiskristalle aufbrechen. 2–3 Stunden so fortfahren, bis das Ganze die Textur von Eiscreme hat. Alternativ können Sie das Dessert auch in einer Eismaschine zubereiten.

Würziger Kirsch-Crumble

Dieses Dessert hat es in sich: viele Nährstoffe und viel Geschmack. Es schmeckt überhaupt nicht so „gesund", wie es tatsächlich ist. Wir alle sollten uns hin und wieder etwas Gutes gönnen.

FÜR 4 PERSONEN

750 Sauerkirschen
1 EL Honig
100 g Haferflocken
100 g Vollkornmehl
1 TL Zimt
1 EL guter Rohrzucker
1 EL leichtes Olivenöl
probiotischer Joghurt zum
　　Servieren

Den Backofen auf 180 °C vorheizen. Die Stiele von den Kirschen abziehen und die Früchte entsteinen.

Die Kirschen in einen kleinen Topf geben. 1 EL Wasser und den Honig zugeben. Bei großer Hitze 4–5 Minuten köcheln lassen, bis die Kirschen weich sind und zu einem marmeladenartigen Mus zerfallen.

In einer Schüssel Haferflocken, Mehl, Zimt und Zucker mit dem Olivenöl vermengen, bis Brösel entstehen.

Die Kirschen in eine kleine Auflaufform füllen. Mit den Bröseln bedecken und im vorgeheizten Backofen in 30 Minuten goldgelb backen. Einige Minuten abkühlen lassen, dann mit Joghurt servieren.

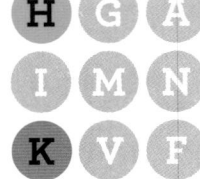

Minz-Schokoladen-Kuchen ohne Käse

Das herrliche Dessert ist etwas aufwendiger in der Zubereitung, doch das Ergebnis entschädigt für die Mühe. Ihre Freunde werden vom Käsekucheneffekt überrascht sein, erst Recht, wenn Sie Ihnen erzählen, was darin steckt!

FÜR 3–4 PERSONEN
Für den Boden:
200 g gemischte Nusskerne
  (Walnüsse, Paranüsse,
  Haselnüsse)
6 Datteln, entsteint
3 EL Kokosfett

Für den Schokoladenbelag:
4 sehr reife Avocados
5 geh. EL gutes Kakaopulver
  (am besten Rohkakao)
2 EL Honig
2 TL Pfefferminzessenz
3 EL zerlassenes Kokosfett
frische Minzeblätter zum
  Garnieren (nach Belieben)

Für den Boden Nusskerne und Datteln in eine Küchenmaschine geben und zu einem festen Teig verarbeiten. In einem Topf 3 EL Kokosfett bei schwacher Hitze zerlassen und gut mit dem Nuss-Dattel-Teig vermengen. Den Teig in eine runde Springform (22 cm Durchmesser) füllen und mit einem Löffel zu einem Boden andrücken. Die Form in den Kühlschrank stellen und den Belag zubereiten.

Die Avocados halbieren, die Steine entfernen und das Fleisch herauslöffeln. In eine Küchenmaschine geben. Kakao, Honig, Pfefferminzessenz und 3 EL zerlassenes Kokosfett zugeben und alles zu einer cremigen Mousse verarbeiten.

Den Boden aus dem Kühlschrank nehmen und die Mousse darauf verstreichen. Das geht am besten mit einem Palettenmesser. Das Dessert vor dem Servieren mindestens 5 Stunden kalt stellen. So lange dauert es, bis die Schokoladenmousse zu einem festen, tortenähnlichen Belag geworden ist. Nach Belieben mit Minzeblättern garnieren.

Gebackene Apfelspalten mit Heidelbeerkompott Ein wunderbares Dessert für den Sommer. Süß und gut.

FÜR 2–3 PERSONEN
2 Äpfel
2 TL Ahornsirup
1 TL Zimt
150 g frische Heidelbeeren
½ rote Chili, entkernt und fein
    gehackt
1 Handvoll Pekannüsse, grob
    gehackt, zum Servieren
    (nach Belieben)
probiotischer Joghurt zum
    Servieren

Den Backofen auf 200 °C vorheizen. Die Äpfel achteln, ohne sie zu schälen. Kerne entfernen.

Die Apfelspalten auf ein Backblech legen und im vorgeheizten Ofen 15 Minuten backen. Das Blech aus dem Ofen nehmen, die Äpfel mit Ahornsirup beträufeln und mit Zimt bestreuen. Wieder in den Ofen schieben und weitere 15–20 Minuten backen.

Für das Beerenkompott die Heidelbeeren mit 1 EL Wasser und Chili in einen Topf geben. Bei großer Hitze 4–5 Minuten kochen, bis die Heidelbeeren zerfallen. Das Kompott über die Apfelspalten geben und nach Belieben mit den gehackten Nüssen bestreuen. Mit einem Klecks Joghurt servieren.

HAUT *Ekzeme*
KREISLAUF & HERZ *Bluthochdruck, hohe Cholesterinwerte*
VERDAUUNGSSYSTEM *Krämpfe*

Falsche Schoko-Orangen-Verführung

Dieses Dessert ist ein beeindruckendes Beispiel dafür, wie gut etwas Gesundes schmecken kann. Selbst die größten Schokoholicer werden an der Nase herumgeführt und glauben nicht, was darin steckt. Verwenden Sie möglichst Rohkakaopulver. In der Regel ist es in Reformhäusern erhältlich.

FÜR 2–3 PERSONEN
2 sehr reife Avocados
fein abgeriebene Schale und
    Saft von 1 großen
    unbehandelten Orange
1 EL Honig
3 EL gutes Kakaopulver

Die Avocados halbieren und entsteinen. Das Fruchtfleisch herauslöffeln und in eine Küchenmaschine geben. Die restlichen Zutaten zugeben und das Ganze zu einer dick-cremigen Mousse verarbeiten.

Sie können etwas mehr Kakaopulver oder mehr Honig verwenden, wenn Sie es süßer oder noch schokoladiger haben möchten. In Cocktailgläsern oder kleinen Schüsseln servieren.

Getränke

Es geht nicht nur darum, was wir essen, sondern auch darum, was wir trinken. Schnell nehmen wir zu viele ungesunde, süße Getränke zu uns. Das Beste überhaupt für uns ist Wasser, aber natürlich lassen sich auch gesundheitlich wertvolle Drinks zubereiten, die gut schmecken. Im Folgenden finden Sie einige davon.

Schokolade zum Frühstück. Hurra! Schokolade hat einen schlechten Ruf, doch das ist nicht gerechtfertigt. Denken Sie sich einfach Zucker, Sahne und all die anderen schädlichen Bestandteile, die in Schokoriegeln stecken, weg, und übrig bleiben gesunde und sehr nahrhafte Zutaten. Und auch der Bananen-Beeren-Smoothie ist ein gutes Beispiel dafür, wie gesund ein Frühstück sein kann.

  **VERDAUUNGSSYSTEM**

GELENKE & KNOCHEN
Osteoporose
NERVENSYSTEM
Angsterkrankungen
KREISLAUF & HERZ
Bluthochdruck

Bananen-Beeren-Smoothie

FÜR 1–2 PERSONEN
2 reife Bananen
150 g gemischte Beeren (TK)
150 g probiotischer Joghurt
100 ml Orangen- oder Apfelsaft

Alle Zutaten in den Rührbecher eines Mixers geben und zu einem cremigen Smoothie verarbeiten.

Schokoladen-Smoothie für den Morgen

FÜR 1 PERSON
250 ml Milch (alternativ Soja- bzw. Mandelmilch)
1 Banane
2 EL gutes Kakaopulver (am besten Rohkakaopulver)
2 TL Honig

Alle Zutaten in den Rührbecher eines Mixers geben und zu einem schokoladigen Smoothie verarbeiten – und dann nur noch genießen!

Ananas-Smoothie Der bringt garantiert Pfiff in Ihr Leben. Die Aromen ergänzen und bereichern sich gegenseitig und haben auch noch einen gesundheitlichen Nutzen. Probieren Sie – und Sie werden den Smoothie lieben!

FÜR 2–3 PERSONEN
½ große reife Ananas
2 Selleriestangen
2 ½ cm frischer Ingwer

Von der Ananas Boden und Deckel abschneiden und die Ananas mit einem scharfen Messer von oben nach unten schälen. Die Haut und die schwarzen Punkte entfernen. Das geht am besten mit der Spitze eines kleinen scharfen Messers. Das Fruchtfleisch in Stücke schneiden. In den Rührbecher eines Mixers füllen.

Den Sellerie klein schneiden und hinzufügen. Einige Sellerieblätter für die Garnitur beiseitelegen. Den Ingwer schälen, hacken und mit in den Rührbecher geben.

Das Ganze zu einem sämigen Smoothie verarbeiten. Soll der Smoothie dünnflüssiger sein, können Sie nach Belieben Wasser zugeben.

Diese Drinks sind perfekt, um morgens einen extra Schub Power zu bekommen. Ich liebe Mango-Lassi und mit dem Smoothie zolle ich ihm meinen Tribut. Der in diesem Rezept verwendete Fencheltee ist ganz einfacher Tee aus Teebeuteln.

KREISLAUF & HERZ
Bluthochdruck
VERDAUUNGSSYSTEM

VERDAUUNGSSYSTEM
Blähungen, Verstopfung, Reizdarm

Rote-Bete-Apfel-Saft

FÜR 1 PERSON
1 große, ungegarte Rote Bete, geschält
2 Äpfel
1 cm frischer Ingwer, geschält

Alle Zutaten in die Saftpresse geben und zu einem Saft verarbeiten. Sofort trinken.

Mango-Smoothie

FÜR 1 PERSON
1 Fenchel-Teebeutel
1 große, reife Mango, geschält
150 g probiotischer Joghurt
1 TL Honig

Eine Tasse Fencheltee zubereiten. Den Teebeutel in der Tasse lassen und den Tee vollständig abkühlen lassen. 100 ml kalten Tee abmessen und in einen Mixer umfüllen.

Die Mango in kleine Stücke schneiden und zum Fencheltee geben. Joghurt und Honig zugeben und das Ganze zu einem glatten Drink verarbeiten.

Fenchel-Kümmel-Minze-Tee Der einfache Tee schmeckt wundervoll, beruhigt den Verdauungsapparat und fördert die Verdauung.

FÜR 1 PERSON

1 geh. TL Fenchelsamen
1 geh. TL Kümmel
1 geh. TL getrocknete Minze
1 Handvoll frische Minze-
   blätter (nach Belieben)

Die Samen und die Minze mischen und kochendes Wasser zugießen. 10 Minuten ziehen lassen, dann abgießen und langsam trinken.

Der einfache Smoothie ist in einigen Minuten fertig und fördert die Verdauung, außerdem ist er ein super Energielieferant. Kokosfett erhalten Sie mittlerweile in jedem gut sortierten Supermarkt. Die ungewöhnliche, aber köstliche Paarung von Cranberrys und Sellerie ergibt einen Powersaft, der insbesondere auf das Urogenitalsystem einen gesunheitsförderlichen Einfluss hat.

GELENKE & KNOCHEN
Arthritis
VERDAUUNGSSYSTEM
Blähungen

FORTPFLANZUNGS- & UROGENITALSYSTEM
Zystitis und andere Harnwegsinfektionen

Ananas-Kokos-Smoothie

FÜR 1–2 PERSONEN
1 kleine, sehr reife Ananas, geschält und
   gewürfelt
400 ml Kokosmilch
1 EL Kokosfett

Alle Zutaten in den Rührbecher eines Mixers geben und zu einem feinen Drink verarbeiten. Auf Eis servieren.

Cranberry-Sellerie-Drink

FÜR 1 PERSON
150 g frische Cranberrys
½ Apfel, in Spalten geschnitten
3 Selleriestangen, in kleine Stücke
   geschnitten

Alle Zutaten nach und nach in die Saftpresse geben und einen Saft zubereiten. Sofort trinken.

BESCHWERDEN & ERKRANKUNGEN

AKNE

Akne kann äußerst unangenehm sein. Es handelt sich hierbei um eine Infektion der Haarfollikel. Die Talgdrüsen sondern eine fettige Substanz ab, die Sebum genannt wird. Diese bedeckt Haut und Haar. Wird zu viel Sebum, auch: Talg, produziert, kann es die Poren der Follikel schnell füllen und Mitesser bilden. Bakterien auf der Haut bewirken, dass sich diese Mitesser entzünden. Die Folge: Das Immunsystem nimmt seinen Kampf gegen die Bakterien auf. Die weißen Blutkörperchen werden aktiv – zu erkennen an Rötung und Schwellung.

Omega-3 wirkt gegen die Entzündung

Durch die Entzündung kommt es zu Rötungen und Schwellungen rund um den Mitesser. Mit der richtigen Ernährung klingt die Entzündung schneller ab bzw. entwickelt sich erst gar nicht so heftig. Omega-3-Fettsäuren setzen den bei einer Entzündung im Körper stattfindenden Abläufen einen Riegel vor. Reichlich Omega-3-Fettsäuren stecken in fettem Fisch (etwa Lachs, Makrele, Hering) und in einigen Samen, etwa Leinsamen und Hanf. Betroffenen ist zu empfehlen, täglich Lebensmittel zu sich zu nehmen, die Omega-3-Fettsäuren enthalten. Zusätzlich sollte der Verzehr von Pflanzen-, Sonnenblumen- und Maisöl eingeschränkt werden. Fettlösliche Antioxidanzien reichern sich auf natürliche Weise in den fetthaltigen tieferen Schichten der Haut an und können dort an Ort und Stelle Entzündungen bekämpfen. Vor allem orangefarbenes, gelbes und rotes Obst und Gemüse liefern diese Antioxidanzien.

Mehr Zink senkt die Talgdrüsenproduktion

Eine Infektion der Haarfollikel führt zuerst zur Ausbildung von Pickeln. Deshalb ist es sinnvoll, die Infektion schnellstmöglich einzudämmen. Das geht am besten über die Ernährung, mit der sich die Aktivität der weißen Blutkörperchen steigern lässt. Zink spielt in diesem Zusammenhang eine wesentliche Rolle, denn die weißen Blutkörperchen benötigen dieses Mineral, um einwandfrei funktionieren zu können. Nur mit Hilfe von Zink bewegen sie sich zu den Entzündungsherden, um dort ihre Aktivität zu entfalten. Zink regelt überdies die Aktivität der Talgdrüsen. Eine zusätzliche Einnahme dieses Mineralstoffes soll sogar die Produktion von Talg reduzieren. Meeresfrüchte, Getreide, Nüsse und Samen liefern reichlich Zink.

Blutzucker regulieren

Untersuchungen haben ergeben, dass Betroffene davon profitieren, bei ihrer Ernährung auf einen niedrigen glykämischen Index (siehe Seite 170) zu achten: Hohe Blutzuckerspitzen tragen dazu bei, vermehrt Adrenalin auszustoßen. Das wiederum regt die Talgdrüsen an, Talg zu produzieren. Wer vor allem einfache Kohlenhydrate zu sich nimmt, die schnell aufgelöst werden, verschlimmert sein Leiden. Nehmen Sie weniger raffinierte Kohlenhydrate, die zum Beispiel in Weißbrot, weißem Reis und normalen Nudeln stecken, zu sich und essen Sie stattdessen mehr Vollkornprodukte. Gleichzeitig sollten mehr Gemüse und leichte Proteine auf dem Speisezettel stehen. Jede Mahlzeit sollte aus all diesen Elementen bestehen, damit die Energie langsam freigesetzt wird und keine Blutzuckerspitzen entstehen.

Empfehlenswerte Zutaten:
Lachs – enthält entzündungshemmende Omega-3-Fettsäuren
rote Paprika – liefert reichlich fettlösliche Antioxidanzien (Flavonoide und Carotinoide)
Süßkartoffeln, Karotten, Kürbis – liefern das fettlösliche Antioxidans β-Carotin
Garnelen – enthalten viel Zink, das Entzündungen bekämpft
Eier – liefern B-Vitamine, essenzielle Fettsäuren und auch etwas Zink

Empfehlenswerte Rezepte:

EKZEME

Diese Hauterkrankung ist weit verbreitet. Es handelt sich dabei um eine entzündliche Wunde der Haut, die durch eine aggressive Reaktion der körpereigenen Abwehr zustande kommt – eine Reaktion, die auch als Überempfindlichkeitsreaktion bezeichnet wird. Die Folge: Auf der Haut treten Entzündungsherde in Erscheinung, die Haut rötet sich, schwillt an und juckt unglaublich. Klingt die Entzündung ab, sterben betroffene Hautzellen schneller ab, was wiederum zu einer trockenen, schuppigen Haut führt.

Mehr Omega-3-Fettsäuren essen

Diese starken Fettsäuren zählen zu den wichtigsten Verbündeten im Kampf gegen Entzündungen. Eines der Nebenprodukte, die der Stoffwechsel unseres Körpers hervorbringt, sind Prostaglandine: Einige Prostaglandine aktivieren Entzündungsprozesse und verschlimmern sie, andere jedoch sind an der Reaktion auf Entzündungen beteiligt. Der Körper produziert die Prostaglandine, die er gerade benötigt. Auch die Ernährungsgewohnheiten haben einen Einfluss darauf, welche Prostaglandine hergestellt werden. Omega-3-Fettsäuren wandeln Prostaglandine in den Typ um, der Entzündungen abschwächt. Betroffene sollten in dieser Situation möglichst oft fetten Fisch essen und reichlich Leinsamenöl verwenden, zum Beispiel in Dips und Dressings, denn auch dieses Öl stellt reichlich Omega-3-Fettsäuren zur Verfügung, die für unsere Gesundheit so essenziell wichtig sind.

Weniger Omega-6-Fettsäuren aufnehmen

Ganz anders verhält es sich bei den Omega-6-Fettsäuren, deren Aufnahme reduziert werden sollte. Sie sind zwar überaus wichtig, doch wir benötigen nicht allzu viel davon. Alles, was zu viel ist, wird in die Gruppe entzündungsfördernder Prostaglandine umgewandelt. Die meisten von uns nehmen täglich 23-mal so viel auf, wie wir benötigen – das wirkt sich negativ bei Entzündungen aus. Die meisten Omega-6-Fettsäuren stecken in Pflanzenölen und Margarine. Verwenden Sie zum Braten und Dünsten einfach Olivenöl und vermeiden Sie Margarine. So können Sie ganz einfach etwas dafür tun, Entzündungen vorzubeugen.

Mehr fettlösliche Antioxidanzien

Von Antioxidanzien wissen wir mittlerweile, dass sie uns gut tun. Doch es gibt unterschiedliche Formen. Einige sind wasserlöslich, das heißt, sie verbleiben nur eine gewisse Zeit im Körper, um dann mit dem Urin ausgeschieden zu werden. Andere sind fettlöslich, das heißt, sie drängen in das Fettgewebe des Körpers – auch in die tiefer liegende Fettschicht der Haut –, wo sie sich ablagern können. Werden ausreichend fettlösliche Antioxidanzien mit der Nahrung aufgenommen, können sich diese ansammeln und gegen mögliche Entzündungen zu Felde schreiten. Sie haben nur einen leichten entzündungshemmenden Effekt, werden aber schon beim Aufflackern einer Entzündung aktiv. Vor allem orangefarbenes, rotes, gelbes und violettes Obst und Gemüse liefern fettlösliche Antioxidanzien.

Empfehlenswerte Zutaten:

Fetter Fisch (Lachs, Makrele, Anchovis, Heringe) – sie liefern reichlich entzündungshemmende Omega-3-Fettsäuren
Olivenöl – enthält wenig Omega-6-Fettsäuren, einige Omega-3-Fettsäuren
rote Paprika – liefert reichlich fettlösliche Antioxidanzien
Süßkartoffeln, Karotten, Kürbis – liefern das fettlösliche Antioxidans β-Carotin
Garnelen – enthalten Astaxanthin, ein wirksames fettlösliches Antioxidans

Empfehlenswerte Rezepte:

PSORIASIS

Psoriasis (Schuppenflechte) ist eine häufig anzutreffende Hauterkrankung, bei der die Zellen der Oberhaut sich rasant vermehren. Normalerweise werden neue Hautzellen in der unteren Hautschicht gebildet; nach und nach wachsen sie nach außen, um dort später abzusterben. Bei der Schuppenflechte handelt es sich um eine Autoimmunreaktion, das Immunsystem des Körpers wendet sich gegen sich selbst. Verantwortlich sind wahrscheinlich die T-Zellen, weiße Blutzellen. Sie wandern in die Dermis der Haut und setzen dort chemische Botenstoffe, die sogenannten Zytokine, frei. Zytokine rufen eine entzündliche Reaktion hervor, die wiederum normale Hautzellen anregt, schneller zu wachsen. Diese Entzündung mag der Grund für die Rötung und die Reizung sein, die zu Beginn auftreten. Das erhöhte Zellwachstum ist verantwortlich für die schuppigen Wunden.

Mehr entzündungshemmende Omega-3-Fettsäuren

Omega-3-Fettsäuren können die Schuppenflechte lindern und das Aussehen der Haut verbessern. Eine entsprechende Ernährung wirkt entzündlichen Prozessen entgegen. Insbesondere die Prostaglandine EPS (Eicosapentaensäure) und DHS (Docosahexaensäure), die fetter Fisch liefert, sind an der Regulierung der Immunantwort auf Entzündungen beteiligt. Es handelt sich um unterschiedliche Prostaglandintypen. Vor allem EPS kann die Rötung der Haut lindern.

Mehr orangefarbenes, gelbes und rotes Obst und Gemüse

Obst und Gemüse in diesen Farben liefern wertvolle Carotinoide, das sind hoch wirksame, fettlösliche Antioxidanzien. Antioxidanzien sind gut für uns, doch nicht alle sind gleich und bewirken dasselbe. Sie lassen sich in zwei Kategorien unterteilen. Die wasserlöslichen Antioxidanzien lagern sich nicht im Körper ab. Sie agieren nur eine begrenzte Zeit und werden dann mit dem Urin ausgeschieden. Andere, wie etwa die Carotinoide, sind fettlöslich. Das heißt, sie „bewegen" sich hin zu Fettgewebe, wie etwa der subkutanen Hautschicht, wo sie sich ansammeln, bis ihr Einsatz abgefordert wird. Ihre entzündungshemmende Wirksamkeit kann Rötungen und Schwellungen der Haut abmildern.

Lebensmittel mit Quercetin essen

Quercetin ist ein Phytamin, das wie ein natürliches Antihistamin (Mittel gegen allergische Reaktionen) wirken soll. Quercetin spielt aber auch bei Hauterkrankungen eine Rolle. Es verhindert die Aktivität des Enzyms Phospholipase; dieses entfernt die Fettsäure Arachidonsäure aus den Körperzellen. Anschließend wird die Arachidonsäure in eine Substanz verwandelt, die Entzündungen fördert. Verhindert man die Entfernung dieser Fettsäure und bleibt sie in den Zellen, werden Entzündungsprozesse und Hautrötungen gemildert.

Mehr B-Vitamine aufnehmen

Diese defizitären Vitamine sind für eine gesunde Haut unerlässlich. Sie greifen regulierend ein, unter anderem sind sie daran beteiligt, dass die neuen Hautzellen in die äußeren Schichten gelangen – äußerlich erkennbar an einer gesunden Gesichtsfarbe.

Empfehlenswerte Zutaten:

Makrele – liefert entzündungshemmende Omega-3-Fettsäuren
Süßkartoffeln, Karotten, Kürbis – liefern das fettlösliche Antioxidans β-Carotin
rote Paprika – enthält fettlösliche Antioxidanzien
Zwiebeln, Porree, Knoblauch – sind reich an Quercetin
Avocado – ist reich an Vitamin E (fettlösliches Antioxidans)
Naturreis – ist reich an B-Vitaminen
Garnelen – sind reich an Zink und Selen

Empfehlenswerte Rezepte:

Gebackener Kürbis mit Feta 86
Guacamole mit Zwiebeln und Tomaten 92
Rote Paprika mit Kräuter-Ziegenkäse-Füllung 106
Gebackene Süßkartoffeln mit Hummus 110
Geröstete Paprika mit weißem Bohnenmus 116
Gegrillter Lachs mit Spinat und Karottenmus 138

G GELENKE & KNOCHEN

ARTHRITIS

Bei der rheumatoiden Arthritis handelt es sich um eine Autoimmunerkrankung: Dabei greift unsere körpereigene Abwehr die Gelenkknorpel an und das hat wiederum eine Entzündung zur Folge. Dies kann sogar zu Fehlstellungen führen oder die Zerstörung der Gelenke zur Folge haben. Die Ursache liegt zwar in der Fehlfunktion des Immunsystems, aber eine entsprechende Ernährung kann doch zumindest die entzündlichen Prozesse positiv beeinflussen. Eine angepasste Ernährung ist keine Alternative zur ärztlichen Behandlung, kann aber dazu beitragen, mit der Krankheit besser umzugehen.

Mehr Omega-3-Fettsäuren gegen die Entzündung

Wer mehr Omega-3-Fettsäuren – das sind die guten Fettsäuren, die in aller Munde sind – zu sich nimmt, kann die entzündlichen Prozesse besser managen. Die Omega-3-Fettsäuren spielen für eine Gruppe von Botenstoffen, die Entzündungen reduzieren, eine gewichtige Rolle. Es gibt unterschiedliche Arten von Omega-3-Fettsäuren, doch alle sind hoch wirksam. Ich empfehle, mehr fetten Fisch zu essen, da er sehr viele unterschiedliche Omega-3-Fettsäuren enthält. Essen Sie möglichst 2–3-mal wöchentlich fetten Fisch, doch wenn Sie noch mehr essen können, umso besser! Vegetarier können Leinsamen essen und Leinsamenöl verwenden, um mit diesen guten Fettsäuren versorgt zu werden. Auch Nahrungsergänzungsmittel können eingenommen werden. Antioxidanzien helfen ebenfalls, denn ihre Verbindungen können die freien Radikale reduzieren, die bei entzündlichen Prozessen freigesetzt werden.

Empfehlenswerte Zutaten:

Fetter Fisch (Lachs, Heringe, Makrelen, Sardinen, Anchovis) – ist reich an Omega-3-Fettsäuren
Ananas – liefert das entzündungshemmende Enzym Bromelain
Kurkuma – enthält Curcuminoide, entzündungshemmende Farbpigmente
Sellerie – enthält einen natürlichen Schmerzkiller (3-n-Butylphthalide)
Obst und Gemüse in kräftig-bunten Farben – liefern viele Antioxidanzien

Empfehlenswerte Rezepte:

Spargel und Lachs mit Eidip 42
Thai-Fischsuppe 50
Gazpacho 58
Gebackener Kürbis mit Feta 86
Süßkartoffel-Spinat-Curry 104
Sesam-Soja-Lachs mit Gemüse und Kokosreis 120
Lachs-Garnelen-Spieße mit Zitrus-Quinoa-Salat 142

BURSITIS

Bei der Bursitis handelt es sich um eine Entzündung der Schleimbeutel. Diese sind mit Gewebeflüssigkeit gefüllt und dienen als Dämpfer an Stellen, wo Haut, Sehnen oder Muskeln direkt dem Knochen aufliegen. Durch diese Gleitschicht zwischen weichen und harten Strukturen sind einwandfreie Bewegungen erst möglich. Entzündungen können durch Überbeanspruchung, Sport oder Gelenkverletzungen auftreten. Bursitis ist meist sehr schmerzhaft und ohne schmerzlindernde Medikamente kaum auszuhalten. Eine entsprechende Ernährung kann zusätzlich zur Medikamenteneinnahme dazu beitragen, dass die Entzündung rasch vorübergeht.

Mehr Omega-3-Fettsäuren gegen Entzündungen

Omega-3-Fettsäuren spielen für eine Gruppe von Botenstoffen, die Entzündungen reduzieren können, eine gewichtige Rolle. Es gibt unterschiedliche Typen von Omega-3-Fettsäuren, die alle bedeutend sind. Ich empfehle, mehr fetten Fisch zu essen, da er eine ganze Bandbreite von Omega-3-Fettsäuren zur Verfügung stellt. Vegetarier können alternativ Leinsamen und Leinsamenöl in ihre Ernährung integrieren. Auch von Kurkuma wissen wir, dass das Gewürz entzündungshemmend wirkt. Die sogenannten Curcuminoide bremsen gewisse Aspekte der Entzündungsreaktion aus.

Empfehlenswerte Zutaten:

Fetter Fisch (Lachs, Makrelen, Heringe) – liefert wertvolle Omega-3-Fettsäuren

Olivenöl statt anderer Öle – erhöht die Anteile an Omega-3-, senkt die Anteile an Omega-6-Fettsäuren, die eine Entzündungsreaktion verschlimmern können

Kurkuma – wirkt entzündungshemmend

Obst und Gemüse in kräftig-bunten Farben – sind reich an Antioxidanzien, lindern die Entzündungen

Empfehlenswerte Rezepte:

Rotkohl-Rote-Bete-Salat 78
Spinat-Pesto-Penne 103
Süßkartoffel-Spinat-Curry 104
Gebackene Süßkartoffeln mit Hummus 110
Thunfischsteaks mit Süßkartoffeln und Spitzkohl 118
Gegrillter Lachs mit Spinat und Karottenmus 138

OSTEOPOROSE

Bei Osteoporose verlieren Knochen an Dichte, das erhöht das Frakturrisiko. Bereits ab einem Alter von 35 Jahren verlieren Knochen an Dichte und wer viel sitzt, Untergewicht hat und zu viel Alkohol trinkt, beschleunigt den Abbau. Frauen in der Menopause haben ein höheres Risiko, an Osteoporose zu erkranken, da Östrogen an der Aufrechterhaltung der Knochendichte beteiligt ist. In der Menopause aber sinkt der Östrogenspiegel.

Mehr Vitamin D zu sich nehmen

Vitamin D ist für die Knochengesundheit unerlässlich. Der Knochen benötigt zum Aufbau und Erhalt seiner Masse vor allem Kalzium, doch ohne Vitamin D kann er wenig damit anfangen. Vitamin D ist lebensnotwendig, damit adäquate Kalziummengen überhaupt in den Blutkreislauf gelangen können. Normalerweise tragen vor allem die UVB-Strahlen der Sonne dazu bei, das Vitamin in der Haut zu bilden. In sonnenarmen Regionen kann das problematisch sein. Deshalb sollten wir so viel Vitamin D wie möglich über die Nahrung aufnehmen.

Magnesiumreich ernähren

Ebenfalls unabdingbar für einen gesunden Knochenbau ist der Mineralstoff Magnesium. Er spielt eine bedeutende Rolle dabei, Kalzium dem Stoffwechsel zuzuführen und nutzbar zu machen. Erforderlich ist Magnesium für die Bildung von Calcitriol, eine aktive Form des D-Vitamins; dieses ist verantwortlich dafür, den Kalziumspiegel im Blut zu erhöhen. Wer genügend Magnesium mit der Nahrung aufnimmt, reduziert zudem die Freisetzung des Parathormons. Dieses Hormon sorgt unter anderem auch dafür, dass Kalzium aus den Knochen freigesetzt wird, etwas, das bei einer Osteoporose unbedingt zu verhindern ist.

Lebensmittel mit Phytoöstrogenen

Frauen in der Menopause sollten phytoöstrogenreiche Nahrungsmittel zu sich nehmen. Die Phytoöstrogene wirken im Körper wie Östrogene und verhindern damit einen zu raschen Knochenabbau.

Fetter Fisch

Mittlerweile wissen wir, dass eine bestimmte Omega-3-Fettsäure – DHS – dazu beiträgt, die Knochenmasse zu erhalten. Fetter Fisch liefert ausreichende Mengen.

Empfehlenswerte Zutaten:

Eier – sind reich an Vitamin D

Feta und Ziegenkäse – sind reich an Kalzium und Vitamin D

Grünkohl – liefert viel Magnesium

Misopaste – ist reich an Phytoöstrogenen

Lachs – enthält die Omega-3-Fettsäure DHS

Makrelen, Anchovis – sind reich an Vitamin D und DHS

Empfehlenswerte Rezepte:

Spinat-Feta-Rührei 31
Grüne Gemüsesuppe 52
Salat niçoise 72
Schnelle Makrelenpâté 92

RACHITIS & OSTEOMALAZIE

Bei Rachitis handelt es sich um eine gefährliche Erweichung der Knochen, die vor allem Kinder betrifft. Osteomalazie ist ebenfalls eine Knochenerweichung, die allerdings erst im Erwachsenenalter auftritt. Beide Erkrankungen sind auf Kalziummangel zurückzuführen. Dieser wiederum tritt unter anderem aufgrund von Vitamin-D-Mangel auf: Das Vitamin trägt dafür Sorge, dass der Körper Kalzium richtig einsetzt. Ging man lange davon aus, diese Erkrankungen gehörten der Vergangenheit an, so sind beide in den letzten Jahren wieder gehäuft aufgetreten. Verantwortlich dafür sind mehrere Faktoren, zum Beispiel die Verbindung aus schlechter Ernährung und Sonnenlichtmangel.

Mehr Vitamin D

Unsere Hauptquelle ist die Umwandlung von Cholesterin unter dem Einfluss der Sonnenstrahlung in einen Vitamin-D-Vorläufer. Daneben gibt es eine Reihe von guten Vitamin-D-Quellen, die wir mit der Nahrung aufnehmen können, um ein Defizit zu verhindern.

Mehr Kalzium

Viele, die an einer dieser beiden Krankheiten leiden, nehmen ergänzend Kalzium ein. Das kann unter gewissen Umständen sinnvoll sein, doch in vielen Fällen ist das Kalzium in diesen Ergänzungsmedikamenten von minderer Qualität und wird vom Körper nur unzureichend verwertet. Eine solche ergänzende Kalziumeinnahme sollte immer mit dem Hausarzt abgestimmt werden. Eine entsprechende begleitende Ernährung kann auch hier linderungsförderlich sein. Das heißt nun nicht, dass Sie literweise Milch trinken müssen, denn auch das kann problematisch sein. Milchprodukte sind zwar eine gute Kaliumquelle, aber es gibt noch so viele andere. Viele grüne Gemüsesorten, Nüsse, Samen, Bohnen, ja selbst Fisch liefern Kalzium. Je abwechslungsreicher Sie essen, desto besser.

Empfehlenswerte Zutaten:
Makrelen und Lachs – liefern viel Vitamin D
Anchovis – liefern Vitamin D und Kalzium
Eier – enthalten Vitamin D und Kalzium
Mandeln – liefern gut verwertbares Kalzium
Feta, Ziegenkäse, Joghurt – sind kalziumreich und leicht verdaubar

Empfehlenswerte Rezepte:
Spinat-Feta-Rührei 31
Grüne Gemüsesuppe 52
Rote Paprika mit Kräuter-Ziegenkäse-Füllung 106
Rote-Bete-Tarte mit Ziegenkäse 130

A ATMUNGSORGANE

ASTHMA

Bei Asthma handelt es sich um eine Entzündung der Bronchiolen (feines Röhrensystem in der Lunge). Ausgelöst wird diese unter anderem durch eine Überempfindlichkeit auf etwa Staub, Umweltverschmutzung und Staubmilben. Werden wir diesen ausgesetzt, antwortet das Immunsystem in Form einer Entzündung. Das verengt die Bronchialwege und sorgt in der Folge für die unangenehme Luftnot.

Mehr Omega-3-Fettsäuren gegen Entzündungen

Zu wirksamen Entzündungsregulatoren gehören die Omega-3-Fettsäuren, die vorhanden sind in fettem Fisch, Olivenöl, Walnüssen, Leinsamen und Leinsamenöl.

Mediterrane Küche

Einige Studien sehen einen Zusammenhang zwischen mediterraner Ernährung und seltener auftretender Asthma-Erkrankung. Das macht schon Sinn, da die mediterrane Kost reich an Obst, Gemüse, Olivenöl und Fisch ist und nur wenige gesättigte Fettsäuren und raffinierte Kohlenhydrate aufweist. Omega-3-Fettsäuren, Antioxidanzien und Vitamine der Mittelmeerküche sind ideal, um entzündliche Prozesse positiv zu beeinflussen.

Mehr Vitamin C, um Histamin zu senken

Histamin wird im Verlauf einer allergischen Reaktion freigesetzt; es agiert als Katalysator, der eine Entzündung auslöst. Die Luftwege schwellen an und verengen sich, Atemnot ist die Folge. Zwiebeln enthalten Quercetin, das dafür sorgt, die Menge des freigesetzten Histamins zu drosseln. Nahrungsmittel, die sehr viel Vitamin C liefern wie rote Paprika, Zitrusfrüchte und Spinat, können den Histaminausstoß verringern.

Empfehlenswerte Zutaten:
Fetter Fisch (Lachs, Anchovis, Heringe, Makrelen) – liefert Omega-3-Fettsäuren
Leinsamen, Leinsamenöl – enthalten Omega-3-Fettsäuren
Zwiebeln – enthalten das Antihistamin Quercetin
rote Paprika, Zitrusfrüchte, Spinat – sind reich an Vitamin C
Meerrettich – weitet die Luftwege

Empfehlenswerte Rezepte:
Salat niçoise 72
Spinat-Pesto-Penne 103
Geröstete Paprika mit Bohnenmus 116
Sesam-Soja-Lachs mit Gemüse 120
Lachs mit Kräuterkruste 132
Marinierte Makrele 140

 IMMUNSYSTEM

ERKÄLTUNG & FIEBER

Gegen eine normale Erkältung gibt es kein Heilmittel, doch wir können einiges dafür tun, um uns besser zu fühlen und die Symptome zu verringern. Die Viren befallen den oberen Atemwegstrakt, etwa Nase und Hals. Wenn sie in diese Gewebe dringen, antwortet die körpereigene Abwehr. Eine ganze Armee weißer Blutkörperchen wird dorthin entsandt, um die Viren zu zerstören. Die Symptome, unter denen wir leiden, sind ein Indiz dafür, dass unser Immunsystem seine Arbeit aufgenommen hat.

Immunsystem stärken

Es ist noch nicht hinreichend erforscht, aber in Studien hat die Aufnahme bestimmter Nahrungsmittel einen positiven Effekt gezeigt. Shiitake-Pilze und Gojibeeren enthalten sogenannte Polysaccharide (Mehrfachzucker), die den Anteil der weißen Blutkörperchen erhöhen können. Je mehr wir während einer Infektion aktivieren können, desto effektiver geht die Abwehr damit um. Unser Körper erhöht die Produktion der weißen Blutkörperchen, wenn wir uns angesteckt haben, und Shiitake-Pilze können dies noch intensivieren. Auch die Polysaccharide der Gojibeeren haben eine ähnliche Wirkung. Zink kann die Immunantwort ebenfalls stärken. Es wirkt bei der Kodierung der DNS mit, Krankheitserregern zu begegnen: Studien belegen, dass eine zinkreiche Ernährung die Widerstandsfähigkeit gegen Erkältungen stärken und die Zeit der Erkrankung reduzieren kann.

Mehr Knoblauch essen

Knoblauch wirkt gegen Viren. Im Gegensatz zu Verbindungen, die durch Nieren und Darm ausgeschieden werden, verlassen die essenziellen Öle des Knoblauchs unseren Körper über den Atem. Wenn sie sich durch den Atemwegstrakt bewegen, können diese wirksamen Verbindungen Bakterien und Viren, die sich dort niedergelassen haben, „einfangen", binden und beim Ausatmen aus dem Körper transportieren.

Entzündung eindämmen

Das Gewebe im oberen Atemwegstrakt entzündet sich, wenn unsere Immunabwehr versucht, mit den Angreifern fertig zu werden. Wenn wir diese Entzündungen eindämmen können, fühlen wir uns schon besser. Ingwer enthält eine hoch wirksame entzündungshemmende Substanz, die auch für das besondere Aroma verantwortlich ist. Ingwer unterbindet die Produktion von Stoffen, die eine Entzündung aktivieren. Auch die positiv wirkenden Inhaltsstoffe von fettem Fisch und Leinsamen unterstützen den Körper darin, natürliche entzündungshemmende Stoffe zu produzieren.

Empfehlenswerte Zutaten:
Shiitake-Pilze – wirksame Polysaccharide unterstützen die Abwehr
Knoblauch – wirkt virenhemmend
Ingwer – wirkt entzündungshemmend
Chilis – wirken abschwellend
Gojibeeren – unterstützen die Immunantwort
Süßkartoffeln – wirken leicht entzündungshemmend
Wasser, sehr viel Wasser – verhindert die Dehydrierung durch Fieber
Garnelen – liefern viel Zink
Kokosnuss – enthält Laurinsäure, wirkt virenhemmend

Empfehlenswerte Rezepte:
Spinat, Tomaten und Shiitake-Pilze auf Toast 40
Süßkartoffel-Shiitake-Pilze-Suppe 48
Shiitake-Paté 68
Scharfes Garnelencurry 134

M METABOLISCHE ERKRANKUNGEN

DIABETES (TYP 2)

Unter metabolischen Erkrankungen versteht man angeborene oder später erworbene sehr unterschiedliche Störungen des Stoffwechsels – das Spektrum der Krankheiten ist groß, Diabetes gehört dazu. Diabetes (Typ 2) ist die am häufigsten vorkommende Diabeteserkrankung. Sie ist die Folge, wenn der Blutzuckerspiegel nicht einwandfrei reguliert wird. Gelangt Energie aus der Nahrung in Form von Glukose in den Blutkreislauf stimuliert das Hormon Insulin die Zellen, Zucker aus dem Blut aufzunehmen; dort wird er wieder in Energie verwandelt. Damit das Körpergewebe gesund bleibt, muss der Blutzuckerspiegel auf niedrigem Niveau bleiben. Viele Nahrungsmittel aber wie etwa Weißbrot, weißer Reis, einfache Pasta, süße Snacks oder zuckerhaltige Getränke setzen ihre Glukose sehr schnell frei und die Antwort des Körpers darauf ist ein massiver Anstieg von Insulin, damit das Ganze so schnell wie möglich aus dem Blut verschwindet. Ab und an darf das einmal passieren, aber wenn es regelmäßig vorkommt, ist die Wirkungsweise des Insulins gestört. Der überschüssige Zucker kann nicht mehr aufgenommen werden, im Blut kursiert ständig zu viel Zucker. Dies ist der Anfang von Diabetes (Typ 2), auch bekannt unter der Bezeichnung Insulinresistenz. Es besteht die Gefahr, dass unser Körpergewebe Schaden nimmt.

Niedriger glykämischer Index

Der glykämische Index ist ein Maß zur Bestimmung, wie schnell Kohlenhydrate aus der Nahrung ins Blut gelangen. Lebensmittel mit einem niedrigen glykämischen Index setzen Kohlenhydrate langsam und beständig ab: Die Energiezufuhr erfolgt gleichmäßig und der Blutzuckerspiegel bleibt ausgeglichen. Essen Sie Nahrungsmittel, die ihre Energie nach und nach freisetzen, um Blutzuckerspitzen zu vermeiden. Verbannen Sie raffinierte Kohlenhydrate aus Ihrer Ernährung – und zwar für immer. Kein Weißbrot, kein weißer Reis, keine normalen Nudeln, keine süßen Schokoriegel, keine Zuckersnacks oder süßen Getränke. Sie liefern einfache Zucker, die schnell ins Blut gelangen und Spitzen bilden. Greifen Sie bei Brot, Reis und Nudeln zu Vollkornprodukten und essen Sie Schokoriegel und Co. wirklich nur ganz, ganz selten. Essen Sie kleinere Kohlenhydratportionen und hochwertige komplexe Kohlenhydrate (brauner Reis, Quinoa). Zu jeder Mahlzeit gehören gute Proteine und natürlich auch ein gutes Fett. Mahlzeiten, die so zusammengesetzt sind, setzen die Energie langsam und beständig frei. Die gefährlichen Blutzuckerspitzen entfallen. Darüber hinaus tun Sie durch den Verzehr kleinerer Mahlzeiten mit mehr Ballaststoffen Ihrer Verdauung etwas Gutes.

Mehr Omega-3-Fettsäuren

Neueste Studien gehen davon aus, dass Omega-3-Fettsäuren in unseren Zellen Insulinrezeptoren für die Insulinübertragung empfänglicher machen können. Diese Rezeptoren werden in den Zellwänden gebildet. Fettsäuren aus der Nahrung sind Teil dieser Wände und damit Teil der Rezeptoren. Einige Fettsäuren haben Einfluss darauf, auf welche Weise Zellmembranen und Rezeptoren arbeiten. Omega-3-Fettsäuren können die Funktionsweise von Zellmembranen und Rezeptoren verbessern.

Ein bisschen Schokolade tut gut

Einige Studien belegen, dass der regelmäßige Verzehr von einem kleinen Stück dunkler Schokolade die Insulinempfänglichkeit verbessern kann – Genaueres ist aber noch ungeklärt. Man glaubt, die Flavanoide in der Schokolade sind dafür verantwortlich. Wie auch immer, wenn Sie Schokolade essen, essen Sie eine gute Schokolade mit wenig Zucker und viel gutem Kakao.

Empfehlenswerte Zutaten:

Getreide mit niedrigem glykämischen Index (Naturreis, Quinoa, Bulgur) – Energie wird langsam abgegeben

leichte Proteine aus fettem Fisch, Tofu, Eiern – sie regulieren die glykämische Antwort auf Nahrung, fetter Fisch liefert zudem Omega-3-Fettsäuren

Artischocken – enthalten Inulin, das den Blutzuckerspiegel stabilisiert

Zimt – spielt im Blutzuckergleichgewicht eine wichtige Rolle

Empfehlenswerte Rezepte:

Spinat-Feta-Rührei 31
Frühstücks-Reispfanne 44
Tomaten-Linsen-Suppe 54
Schwarzbrot mit Eiaufstrich und Rucola 64
Quinoasalat mit Räucherforelle 115
Thunfischsteaks mit Süßkartoffeln und Spitzkohl 118

N NERVENSYSTEM

ANGSTERKRANKUNGEN

Die Generalisierte Angststörung (GAS) ist ein weit verbreitetes Phänomen, das zunimmt. Zu den Symptomen gehören unter anderem Herzklopfen, Schweißausbrüche, Kurzatmigkeit und Hyperventilation, Schwindel, Grübeleien, Angstgefühle und übertriebene Sorgen. Die Ernährung kann diese Erkrankung nicht heilen, doch ausgewählte Zutaten können den Heilungsprozess unterstützen. Wer Medikamente gegen seine Ängste nimmt, darf diese ohne Rücksprache mit dem behandelnden Arzt auf gar keinen Fall absetzen. Die aufgeführten Ernährungsempfehlungen können alle anderen Heilungsmaßnahmen nur unterstützen.

Blutzuckerwerte stabilisieren

Stimmungen können durch schnell freigesetzte Kohlenhydrate, etwa in Form von zuckerhaltigen Getränken, süßen Snacks und Weißbrot, beeinflusst werden. Diese Nahrungsmittel können einen Zuckerrausch und einen Adrenalinanstieg zur Folge haben. Adrenalin ist für Ängste das, was Benzin für ein Lagerfeuer ist. Zudem muss der Organismus den Zucker schnell verarbeiten und was Spitzen hat, besitzt auch Tiefen. Schlechte Stimmung kann die Folge sein. Eine Ernährung mit niedrigem glykämischen Index (siehe Seite 170) hält den Blutzuckerspiegel und damit die Stimmung stabil. Lassen Sie also möglichst die Hände von zuckerhaltigen Snacks und Getränken, Weißbrot, weißem Reis und einfachen Nudeln. Essen Sie lieber Vollkornbrot, Vollkornnudeln und Naturreis und kombinieren Sie diese Zutaten bei jeder Mahlzeit mit hochwertigem Protein. Auch gute Fettsäuren gehören dazu. Auf diese Weise verhindern Sie Blutzuckerspitzen und Tiefpunkte. Die meisten Gerichte in diesem Buch haben einen niedrigen glykämischen Index.

Mehr Omega-3-Fettsäuren

Omega-3-Fettsäuren und deren Wirkung auf die mentale Verfassung wurden umfassend untersucht. Man weiß mittlerweile, dass diese Fettsäuren auch bei Ängsten Effekte zeigen können – wie genau, ist allerdings noch nicht geklärt. Die Fettsäuren verbessern wohl die Signalübertragung im Gehirn und fördern die Freisetzung von Botenstoffen, die für eine gute Stimmungslage verantwortlich sind. Zudem sind sie an der Bildung natürlicher Entzündungshemmer im Körper beteiligt. Fetter Fisch enthält das gesamte Spektrum der Omega-3-Fettsäuren, die unser Gehirn benötigt. Essen Sie deshalb möglichst oft Lachs, Makrele, Hering und frischen Thunfisch. Vegetarier verwenden stattdessen Leinsamen und Leinsamenöl.

Mehr magnesiumreiche Lebensmittel essen

Eine Vielzahl von klinischen Studien hat gezeigt, dass Magnesium bei Ängsten eine wichtige Rolle spielt. Es ist an der physischen Entspannung beteiligt, das betrifft auch die Entspannung der Muskeln. Zudem reguliert es mehrere Enzymsysteme des Körpers. Ob Magnesium einen direkten Einfluss auf das Nervensystem hat, wissen wir nicht. Magnesiumreich sind grünes Blattgemüse, Nüsse und Samen.

Empfehlenswerte Zutaten:

Getreide (Naturreis, Quinoa, Bulgur) – hat einen niedrigeren glykämischen Index als die raffinierten Verwandten
fetter Fisch (Lachs, Makrelen, Heringe, Thunfisch, Anchovis) – liefert reichlich Omega-3-Fettsäuren
Sonnenblumenkerne – sind reich an Magnesium
Grünkohl und Spitzkohl – sind reich an Magnesium
dunkle Schokolade und Kakaopulver – sind reich an Magnesium

Empfehlenswerte Rezepte:

Spinat-Feta-Rührei 31
Thai-Fischsuppe 50
Saté-Gemüse aus dem Wok 75
Weiße Bohnen mit Grünkohl und Parmesan 84
Gebackene Süßkartoffeln mit Hummus 110
Sesam-Soja-Lachs mit Gemüse und Kokosreis 120
Lachs-Garnelen-Spieße mit Zitrus-Quinoa-Salat 142
Schokoladen-Smoothie für den Morgen 155

DEPRESSION

Wer Depressionen nicht selbst erlebt hat, äußert sich manchmal abfällig darüber. Heute wissen wir, dass die Erkrankung sowohl biochemische als auch psychologische Ursachen hat. Physische und emotionale Faktoren können eine Depression auslösen.

Proteine und komplexe Kohlenhydrate kombinieren

Für Gehirn und Stimmung ist es nötig, den Blutzuckerspiegel stabil zu halten. Schwankungen des Blutzuckerspiegels haben Auswirkungen auf Konzentration, Stimmung, Denkfähigkeit und natürlich auf unsere Energie. Eine Kombination hochwertiger Proteine mit komplexen Kohlenhydraten (Vollkornprodukte, Naturreis, Quinoa) wird langsamer verdaut und somit die Energie gleichmäßig und beständig freigesetzt. Der Blutzuckerspiegel bleibt in Balance. Proteine liefern zudem die Aminosäure Tryptophan. Im Gehirn wird diese in das sogenannte Serotonin umgewandelt, den „Gute-Laune-Botenstoff". Die Aminosäure benötigt ein wenig Unterstützung, um die Blut-Hirn-Schranke passieren zu können und zu Serotonin zu werden. Die bekommt sie vom Insulin – kohlenhydratreiche Lebensmittel stimulieren unsere Zellen zur Zuckeraufnahme aus dem Blut.

Kleine regelmäßige Mahlzeiten

Es ist besser, alle 2–3 Stunden eine kleine Mahlzeit zu sich zu nehmen als drei große am Tag. So bleiben die Blutzuckerwerte stabil.

Mehr fetten Fisch essen

Fetter Fisch liefert die gesamte Bandbreite an Omega-3-Fettsäuren und somit an EPS (siehe Seite 165), das nicht in pflanzlichen Quellen steckt. Im Zusammenhang mit Depressionen wurde EPS näher untersucht. Es gibt positive Hinweise, dass EPS dazu beitragen kann, Stimmung und Antriebskraft zu verbessern. Fetter Fisch wie Lachs und Makrele ist die beste EPS-Quelle.

Mehr B-Vitamine

Diese essenziellen Nährstoffe haben Auswirkungen auf viele Hirnfunktionen, auch auf die Produktion von Neurotransmittern. Mehrere Studien haben einen Mangel an Vitamin B_{12} mit den Symptomen einer Depression in Verbindung bringen können. Eine erhöhte Aufnahme dieses Vitamins hatte ein besseres Ansprechen auf die Behandlung zur Folge. Essen Sie reichlich Naturreis, Quinoa, Bulgur, Pilze, Spargel, Eier und Hefe.

Empfehlenswerte Zutaten:
Fetter Fisch (Lachs, Makrelen und Heringe) – ist eine sehr gute Quelle für die Omega-3-Fettsäure EPS
Naturreis – ist reich an B-Vitaminen
Eier – sind reich an B-Vitaminen, insbesondere B_{12}

Empfehlenswerte Rezepte:
Mediterrane Frittata 36
Frühstücks-Reispfanne 44
Thai-Fischsuppe 50
Sesam-Soja-Lachs mit Gemüse und Kokosreis 120
Lachs-Garnelen-Spieße mit Zitrus-Quinoa-Salat 142

SCHLAFSTÖRUNGEN

6–8 Stunden Schlaf in der Nacht sind für „Reparaturarbeiten" im Körper unerlässlich. Wer regelmäßig weniger schläft, schadet seiner Gesundheit. Doch Schlafstörungen lassen sich nicht auf eine Ursache allein zurückführen. Exzessiver Kaffee- oder Alkoholgenuss kann der Grund sein, aber auch eine schwere Krankheit. Wer ständig darunter leidet, sollte zum Arzt gehen, wer gelegentlich mit dem Schlafen leichte Probleme hat, dem hilft eine ausgewogene Ernährung.

Tryptophanreiche Lebensmittel essen

Tryptophan, eine Aminosäure, ist chemischer Bestandteil des Neurotransmitters Melatonin. Dieser Botenstoff versetzt in Schlafbereitschaft und fördert einen tiefen, langen Schlaf. Werden tryptophanreiche Lebensmittel mit komplexen Kohlenhydraten (sie helfen den Boten-

stoff dahin zu transportieren, wo er benötigt wird) gegessen, schlafen wir besser ein und durch.

Mehr Magnesium

Magnesium wirkt muskelentspannend. Am Abend mehr Magnesium aufzunehmen, fördert die körperliche Entspannung und wir schlafen besser ein.

Keine raffinierten Kohlenhydrate

Essen Sie möglichst kein Weißbrot, weißen Reis, normale Pasta, zuckerhaltige Snacks und lassen Sie die Hände von gesüßten Getränken. Die raffinierten Kohlenhydrate lassen den Blutzuckerspiegel rasant ansteigen, was zu Reizbarkeit und Unruhe führen kann. Komplexe Kohlenhydrate dagegen fördern den Schlaf, weil sie die Aufnahme von Tryptophan erleichtern.

Empfehlenswerte Zutaten:
Bananen – sind reich an Tryptophan
Kirschen – sind reich an Melatonin (Schlafhormon)
grünes Blattgemüse – liefert viel Magnesium
Thunfisch – ist reich an Tryptophan
Naturreis, Quinoa und Bulgur – sind Getreide mit niedrigem glykämischen Index

Empfehlenswerte Rezepte:
Bananen-Erdnuss-Schnitten 98
Grünkohl-Kartoffel-Salat mit Erdnuss-Chili-Sauce 114
Thunfischsteaks mit Süßkartoffeln und Spitzkohl 118
Würziger Kirsch-Crumble 146

MIGRÄNE

Wir wissen, dass sich die Blutgefäße im Kopf und im Hals erst zusammenziehen und dann als Reaktion auf einen Stimulus wieder weiten. Die Kontraktion scheint für Beeinträchtigungen der Sehfähigkeit verantwortlich zu sein, das plötzliche Weiten der Gefäße für den starken Schmerz. Rotwein und Schokolade oder ein niedriger Blutzuckerwert können Auslöser sein, manchmal sind die Auslöser aber auch unbekannt.

Mehr Magnesium

Eine geringe Magnesiumkonzentration im Gehirn steht mit Migräneattacken in einem engen Zusammenhang. Eine zusätzliche Magnesiumaufnahme kann im Umgang mit dem Leiden auf eine Erfolgsgeschichte zurückblicken. Magnesium ist an weit mehr als 1000 Reaktionen beteiligt, so an der Energieproduktion und der Muskelentspannung; es ist außerdem nötig, damit das Nervensystem korrekt funktionieren kann. Sehr gute Magnesiumlieferanten sind grüne Gemüse. Magnesium ist eine bedeutende Komponente des Chlorophylls in Pflanzen: Was grün ist, liefert sehr viel Magnesium.

Mehr Omega-3-Fettsäuren

Hilfreich für Migränekranke ist, Entzündungen im Körper zu reduzieren. Das geht am besten, wenn mit der Nahrung Omega-3-Fettsäuren aufgenommen werden, insbesondere EPS und DHS aus fettem Fisch. Beide werden im Körper dem Stoffwechsel zugeführt, um körpereigene natürliche entzündungshemmende Substanzen zu bilden, die sogenannten Prostaglandine.

Empfehlenswerte Zutaten:
Grünes Gemüse wie Grünkohl – liefert viel Magnesium
Lachs und anderer fetter Fisch (Makrelen, Heringe) – liefern reichlich EPS und DHS

Empfehlenswerte Rezepte:
Spargel und Lachs mit Eidip 42
Grünkohl-Kartoffel-Salat mit Erdnuss-Chili-Sauce 114

STRESS

Einige Stressarten sind sinnvoll, doch was häufigen und regelmäßigen Stress so schlecht macht, ist der Anstieg der Hormone. Adrenalin und Cortisol erhöhen den Blutdruck und lassen das Herz schneller schlagen, um den Sauerstoff zum Gewebe zu transportieren. Das Herz muss sehr viel härter arbeiten. Die Stresshormone sorgen auch dafür, dass unser Körper mehr Insulin produziert, damit die Zellen mehr Zucker aufnehmen, um uns besser aus der Gefahrenzone zu bringen. All diese Reaktionen sind zum Leben wichtig und wenn dies nur ab und zu geschieht, werden die Hormone schnell abgebaut und unser Organismus arbeitet wieder normal. Ist der Stress jedoch ein Dauerzustand, kann der Blutdruck signifikant ansteigen und das Risiko für einen Herzinfarkt erhöht sich. Gleichzeitig wird das Stresshormon Cortisol aufgebaut. Geschieht dies, produziert unser Organismus immer weniger weiße Blutzellen und das Immunsystem wird geschwächt. Das Verdauungssystem ist beeinträchtigt und die Aufnahme der Nährstoffe reduziert – das setzt eine Kettenreaktion in Gang. Nervensystem und Nebennieren werden in Mitleidenschaft gezogen, Ängste, Wutanfälle, Erschöpfung und selbst ein Zusammenbruch können die Folge sein. Sicher können Nahrungsmittel die Stressauslöser nicht beseitigen, doch das richtige Essen kann die körperlichen Auswirkungen lindern.

Blutzuckermanagement

Schwankungen des Blutzuckerspiegels können drastische Auswirkungen auf unsere Stimmungslage haben und darauf, wie wir mit Stress umgehen. Steigt der Blutzuckerspiegel in ungeahnte Höhen, regen wir uns auf und sind kaum fähig, mit Stress umzugehen. Fällt der Blutzuckerwert rapide ab, fühlen wir uns meist lethargisch, deprimiert, ängstlich und verdrossen und schon der geringste Auslöser bringt uns auf die Palme. Wenn wir uns hauptsächlich von Lebensmitteln mit niedrigem glykämischen Index ernähren, bleibt der Blutzuckerpegel beständig ausgeglichen. Solche Nahrungsmittel sind Vollkornprodukte, leichte Proteine, gesunde Fette und frisches Obst und Gemüse. Die richtige Zusammensetzungen von Mahlzeiten kann den Blutzuckerspiegel weiter stabilisieren: Stellen Sie sicher, dass jedes Essen komplexe Kohlenhydrate wie Naturreis, Vollkornbrot oder Quinoa enthält, dazu gute Proteine in Form von fettem Fisch, Geflügel oder mageren Milchprodukten. Gesunde Fette aus Olivenöl oder Avocado sollten ebenso mit von der Partie sein wie Obst und Gemüse. So zusammengesetzte Mahlzeiten setzen die Energie langsam frei.

Mehr Omega-3-Fettsäuren

Bei Ängsten, Stimmungsschwankungen, Wut, Depression oder selbst Burn-out sollten Omega-3-Fettsäuren einen festen Platz auf Ihrem Speisezettel haben. Untersuchungen bestätigen die Nützlichkeit dieser Fettsäuren. Omega-3-Fettsäuren können den Umgang unseres Nervensystems mit den „Gute-Laune-Botenstoffen" optimieren und so die negativen Auswirkungen, den Stress auf unser Nervensystem hat, minimieren helfen. Wenn wir ständig unter Stress stehen und durch Adrenalinschübe vermehrt Cortisol und Insulin ausschütten, entstehen im Körper Entzündungen. Diese können auf Dauer das Risiko, chronisch krank zu werden, erhöhen. Omega-3-Fettsäuren unterstützen den Körper darin, entzündungshemmende Substanzen zu produzieren.

Mehr B-Vitamine

Im Umgang mit Stress sind B-Vitamine essenziell. Sie unterstützen die Gesundheit der Nebennieren und des Nervensystems. In Stresssituationen sind B-Vitamine schnell verbraucht, nicht selten herrscht ein Mangel. Die regelmäßige Zufuhr von B-Vitaminen ist deshalb geboten, um die Speicher rasch wieder aufzufüllen.

Mehr Zink

In zweierlei Hinsicht spielt das Spurenelement im Umgang mit Stress eine wichtige Rolle. Zum einen hat anhaltender Stress negative Auswirkungen auf das Immunsystem und Betroffene bekommen in stressreichen Zeiten häufig Erkältungen und andere Infektionen. Zink unterstützt die körpereigene Abwehr: Es hilft, genetisches Material zu kodieren, das die Antwort auf Stressauslöser regelt. Zink ist so auch wirksam gegen Erkältungen. Zum zweiten ist Zink von Bedeutung, weil es an der Regulierung des Serotoninhaushaltes beteiligt ist – und Serotonin ist das „Gute-Laune-Hormon". Es gibt viele Hinweise, dass ein niedriger Zinkstatus mit Depression und schlechter Stimmung in Verbindung steht.

Magnesiumreiche Lebensmittel essen
Magnesium ist wichtig bei Stress, denn es hilft uns dabei, wieder zu entspannen. In unseren Muskeln sorgt das Mineral für die Lockerung der Fasern. Das macht uns auch für Verletzungen weniger anfällig.

Empfehlenswerte Zutaten:
Naturreis, Bulgur, Haferflocken – sind reich an B-Vitaminen
Lachs – ist reich an Omega-3-Fettsäuren
grünes Blattgemüse, etwa Grünkohl – ist reich an Magnesium
Garnelen – sind reich an Zink und Omega-3-Fettsäuren
Kürbiskerne – sind reich an Zink

Empfehlenswerte Rezepte:
Schwarzbrot mit Eiaufstrich und Rucola 64
Saté-Gemüse aus dem Wok 75
Schnelle Makrelen-Pâté 92
Bananen-Erdnuss-Schnitten 98
Lachs mit Kräuterkruste 132
Lachs-Garnelen-Spieße mit Zitrus-Quinoa-Salat 142

KREISLAUF & HERZ

HOHE CHOLESTERINWERTE
Cholesterin ist überlebenswichtig. Unsere Steroidhormone wie Östrogen und Testosteron beispielsweise werden daraus gemacht. Cholesterin ist das wichtigste Strukturelement unserer Zellmembranen und eine Vorstufe von Vitamin D. Trotzdem kann zu viel des Guten schlecht sein. Das hängt mit davon ab, wie das Verhältnis zwischen den beiden Typen, dem HDL und dem LDL, ist. Der Cholesterinspiegel rückt bei vielen Patienten und Ärzten in den Fokus, denn er ist einer der wichtigen Indikatoren für Herzkrankheiten. Viele Faktoren haben Einfluss auf den Cholesterinspiegel, einer der wichtigsten ist die Ernährung.

Gute Fette, schlechte Fette
Auch Fette sind für unsere Gesundheit wichtig. Allerdings kommt es darauf an, die richtigen Fette in der richtigen Menge zu sich zu nehmen, um die Cholesterinwerte zu verbessern: Die Werte des Lipoproteins hoher Dichte (HDL) gilt es zu erhöhen, denn das HDL transportiert das Cholesterin aus den Zellen zurück zur Leber, wo es dann zersetzt und entfernt wird. Die Werte des Lipoproteins niedriger Dichte (LDL) sollten reduziert werden, denn das LDL transportiert das in der Leber hergestellte Cholesterin in das Körpergewebe. Wenn wir die Fettzufuhr insgesamt reduzieren, reduzieren wir beides – LDL und HDL, was wiederum schlecht fürs Herz ist. Bei vielen angeblich herzfreundlichen ungesättigten Fettsäuren handelt es sich tatsächlich um schädliche Fette: die sogenannten Trans-Fettsäuren. Diese wurden chemisch verändert, um die Eigenschaften der Produkte, in denen sie stecken, zu verändern. Viele Pflanzenaufstriche werden aus Sonnenblumenöl hergestellt, das bei Zimmertemperatur flüssig ist. Damit der Aufstrich wie Butter wird, wird die chemische Struktur buchstäblich auf den Kopf gestellt. Auch dabei bilden sich Trans-Fettsäuren. Das ist gut für die Nahrungsmittelproduzenten, aber nicht für den Körper. Trans-Fettsäuren können den HDL-Spiegel schnell reduzieren und den des LDL erhöhen. Sie können auch Auslöser für Entzündungen sein, ein bedeutender Faktor zu Beginn eines Herzleidens. Zu den guten Fetten zählen essenzielle Fettsäuren wie Omega-3-, Omega-6- und Omega-9-Fettsäuren. Omega-3-Fettsäuren sollten in unserer Ernährung dominieren, denn sie erhöhen HDL und senken LDL, wirken also positiv auf den Cholesterinspiegel. Sie sind auch sonst gut fürs Herz, denn sie minimieren das Risiko für Blutgerinnsel und Bluthochdruck. Nehmen Sie zum Kochen und Braten Olivenöl und Kokosfett. Olivenöl liefert zudem sehr viel Ölsäure, eine Omega-9-Fettsäure, die ebenfalls positiv auf den Cholesterinspiegel wirkt.

Richtige Kohlenhydratauswahl

Leider essen wir viel zu viele raffinierte Kohlenhydrate, wie sie in Weißbrot, weißem Reis, einfachen Nudeln, Zucker und Süßem enthalten sind. Diese werden rasch verdaut und setzen den Zucker schnell frei. Die Folge: Der Blutzuckerspiegel steigt rasant an. Zuallererst setzt unser Organismus dann das Hormon Insulin frei. Dieses „befiehlt" unseren Zellen, schneller Zucker aufzunehmen, weshalb er als Energie nicht zur Verfügung steht. Das System ist äußerst effektiv und schnell. Trotzdem kann nur eine bestimmte Menge Glukose auf einmal in die Zellen gelangen. Ist die Aufnahmekapazität erschöpft, tritt ein weiterer Mechanismus in Kraft, der den Blutzuckerspiegel niedrig hält. Der überschüssige Zucker wird ganz einfach in das schlechte LDL-Cholesterin verwandelt – der LDL-Spiegel schnellt in die Höhe. Hochwertige Kohlenhydrate, die in Vollkorngetreide, Hülsenfrüchten und kurz gegartem Gemüse stecken, sind es, die den Blutzucker im Gleichgewicht halten und all das verhindern. Sie sind zudem eine gute Quelle für B-Vitamine und Mineralstoffe.

Mehr Ballaststoffe essen

Auch Ballaststoffe tragen dazu bei, das Cholesterin in Schach zu halten. Cholesterin wird in der Leber hergestellt. Ein Teil des Cholesterins geht sofort in den Blutkreislauf, ein anderer Teil gelangt durch die Gallenblase in den Verdauungstrakt und geht von dort ins Blut. Einige Ballaststoffe, vor allem lösliche, die sich in Äpfeln, einigen Samen und Hülsenfrüchten befinden, können das Cholesterin im Darm binden und auf diese Weise entfernen. Die löslichen Ballaststoffe verhindern so also, dass Cholesterin in den Blutkreislauf gelangt.

Empfehlenswerte Zutaten:

Äpfel – sind reich an Pektin, ein hoch wirksamer löslicher Ballaststoff

Shiitake-Pilze – enthalten Eritadenine, die das HDL erhöhen und das LDL reduzieren können

Kürbiskerne – sind reich an β-Sitosterol

Lachs, Anchovis, Thunfisch – sind reich an Omega-3-Fettsäuren

Makrelen – sind reich an Omega-3-Fettsäuren

Haferflocken und Bulgur – sind reich an β-Glucan

Datteln – sind reich an β-Glucan

Empfehlenswerte Rezepte:

Shiitake-Paté 68
Apfel-Zimt-Gebäck 94
Gemüse-Crumble mit Haferflocken-Käse-Belag 123
Kichererbsen-Süßkartoffel-Topf 126
Aubergine mit Tomaten und Linsen 129
Lachs mit Kräuterkruste 132
Thunfischsteak mit Haferkruste 136
Gebackene Apfelspalten 150

BLUTHOCHDRUCK

Bluthochdruck oder Hypertonie zählt zu den größten Risikofaktoren für Herzleiden, Herzinfarkte und Schlaganfall. Der Druck in den Gefäßen wird durch die Kontraktion und Entspannung der Gefäßmuskelwände reguliert. Es gibt eine Vielzahl von Faktoren, die dies beeinflussen. Dazu gehören neben körperlicher Aktivität Stress, Ernährung und Alter. Durch die Ernährung können Anspannung und Entspannung der Gefäße zunehmen und gleichzeitig die Flexibilität und Empfindlichkeit der Gefäßwände verändern. Je höher der Druck, desto größer die Reibung an den inneren Gefäßwänden. Die Folge: Sie können erheblichen Schaden nehmen. Wenn dies der Fall ist, bluten die Gefäßwände und Blutgerinnsel können entstehen. Diese wiederum haben schwerwiegende Folgen.

Weniger Salz essen

Es ist wichtig, weniger Salz zu essen. Genauer gesagt: Der Anteil von Natrium muss reduziert werden. Unser Körper benötigt Mineralstoffe, auch Natrium, doch die Dosis ist das Problem. Natrium reduziert die Urinmenge und es verbleibt Wasser im Körper. Geschieht dies, erhöht sich der Wasseranteil in unserem Blut und der Blutdruck erhöht sich. Natrium wirkt zudem gefäßverengend. Natürlich brauchen wir Salz und mittlerweile gibt es natriumarme und mineralstoffreiche Sorten im Handel. Sie verleihen dem Essen die entsprechende Würze, ohne den Blutdruck zu beeinflussen. Das Problem sind vielmehr die versteckten Salze in Fertignahrung. Deshalb ist es so wichtig, frische Lebensmittel zu essen und die Mahlzeiten möglichst selbst zuzubereiten – Sie wissen, was gut für Sie ist.

Mehr Kalium

Kalium ist quasi das Gegenmittel zu einem hohen Natriumgehalt. Untersuchungen ergaben, dass eine höhere Kaliumaufnahme einen niedrigeren Blutdruck zur Folge hat – möglicherweise reduziert Kalium aktiv die Empfänglichkeit der Blutgefäße für hormonelle Signale, die eine Erhöhung des Blutdrucks zur Folge haben. Möglicherweise übt Kalium auch den gegenteiligen Effekt auf die Gefäße aus, indem es sie entspannt.

Weniger Koffein

Im Falle von Bluthochdruck kann die Reduzierung von Koffein aus Filterkaffee und koffeinhaltigen Getränken von Bedeutung sein. Koffein kann einen doppelten Negativeffekt auf den Blutdruck haben. Zum einen erhöht es die Freisetzung von Hormonen wie Adrenalin, das wiederum die Zusammenziehung der Gefäße begünstigt. Diese verengen sich und der Blutdruck steigt. Zum zweiten lässt uns Koffein auf Stress und Belastungen sehr viel agiler reagieren, was wiederum den Blutdruck in die Höhe schnellen lässt.

Mehr Omega-3-Fettsäuren

Omega-3-Fettsäuren sind lebensnotwendige Vitalstoffe und für jedes System unseres Körpers von Bedeutung, auch für den Blutdruck. Sie werden im Stoffwechsel zu Prostaglandinen verarbeitet, Stoffe, die regulierend wirken. Die aus Omega-3-Fettsäuren gebildeten Prostaglandin-Arten tragen zur Entspannung der Gefäßmuskelwände bei, wodurch diese sich weiten. Auch Entzündungen werden dadurch gemildert. Diese können im Verlauf von Jahren die Gefäße schädigen und sie weniger flexibel machen.

Empfehlenswerte Zutaten:
Wenig Natrium und mehr Kalium – reduziert Schäden durch Natrium und senkt den Blutdruck
Bananen – sind sehr kaliumreich
Trauben – liefern zwei Verbindungen, die Gefäße weiten
Spinat – ist reich an Kalium
Linsen – sind reich an Kalium
Chilis – weiten die Gefäße
Lachs – ist reich an Omega-3-Fettsäuren
Rote Bete – liefern Nitrate, die den Nitritoxid-Anteil erhöhen: Er weitet die Gefäße.

Empfehlenswerte Rezepte:
Kokos-Dhal 88
Vollkorn-Bohnen-Quesadillas 112
Rote-Bete-Tarte mit Ziegenkäse 130
Scharfes Garnelencurry 134
Gegrillte Makrele mit sautiertem Fenchel und Porree 137
Marinierte Makrele mit Rote Bete und Meerrettich 140

V VERDAUUNGSSYSTEM

BLÄHUNGEN

Das Völlegefühl mit Anspannung im Bauch, der zudem häufig angeschwollen ist, ist ein weit verbreitetes Phänomen. Die Ursache liegt in Gasen im Verdauungstrakt; sie werden von „guten" Darmbakterien gebildet, die gewisse Bestandteile unserer Nahrung fermentieren. Die Ursachen können vielfältig sein. Häufig jedoch sind Lebensmittel mit einem natürlichen Zuckergehalt die Auslöser, etwa Obst oder stärkehaltige Kohlenhydrate. Einige Zucker können „schlechte Darmbakterien" ernähren und damit Blähungen und Verstopfung verschlimmern.

Mehr Kräuter essen

Von einigen Nahrungsmitteln wissen wir, dass sie die Gasbildung im Darm verringern können. Meist sind dies Pflanzen mit intensivem Aroma, etwa Kräuter. Die aromagebenden Inhaltsstoffe der Kräuter sind in der Lage, Gase zu spalten. Viele tragen auch zur Entspannung der Darmwände bei und regulieren die Darmbewegungen. Hoch wirksame Kräuter sind beispielsweise Pfefferminze, Fenchel, Kümmel, Anis und Basilikum.

Reichlich Flüssigkeitszufuhr

Wenn man dehydriert ist, können sich Blähungen verschlimmern. Wir benötigen ausreichend Wasser (etwa 6–8 Gläser täglich), damit die Ballaststoffe im Darm anschwellen und den Darm in Bewegung halten. Eine leichte Verstopfung führt hingegen dazu, dass der Stuhl länger im Darm verweilt und die Fermentation in Gang gesetzt wird. Regelmäßiger Stuhlgang ist wichtig und eine ausreichend Wasserzufuhr spielt dabei eine nicht zu unterschätzende Rolle.

„Gute" Darmbakterien stärken

Die „guten" Darmbakterien regulieren nahezu jeden Bereich der Verdauung – von der Aufspaltung der Nahrung bis hin zur Reparatur von Darmgewebe. Schon das kleinste Ungleichgewicht oder eine Schwächung dieser Bakteriengesellschaft kann Probleme bereiten. "Schlechte" Bakterien können sich vermehren – sie sind es meist, die für Blähungen verantwortlich sind, wenn entsprechende Nahrungsmittel gegessen werden. Viele sind davon überzeugt, dass eine gute Darmflora Wunder bewirken kann. Essen Sie probiotische Nahrungsmittel, etwa Joghurt. Essen Sie zudem prebiotische Lebensmittel, denn diese enthalten Verbindungen, die den „guten" Bakterien als Nahrungsquelle dienen und deren Anzahl erhöht. Dazu gehören Zwiebeln, Pastinaken, Topinambur oder Süßkartoffeln. Wenn Sie erstmals prebiotische Nahrung zu sich nehmen, kann dies anfangs zu mehr Blähungen führen. Das geht vorbei und ist eine normale Reaktion des Körpers.

Tagebuch führen

Schreiben Sie Ihre Symptome auf, dazu, was Sie gegessen und getrunken haben. Machen Sie das über einige Wochen hinweg jeden Tag. Wahrscheinlich lassen sich danach bestimmte Muster ablesen. Sie können die Lebensmittel identifizieren, die Probleme bereiten und diese zukünftig vermeiden.

Empfehlenswerte Zutaten:

Minze – spaltet Gase, entspannt die Darmwände und lindert Blähungen rasch

Anis, Basilikum, Kümmel und Fenchel – spalten und beseitigen Gase

probiotischer Joghurt – enthält viele probiotische Bakterien, die die „guten" körpereigenen Darmbakterien stärken

Topinambur, Pastinaken und Süßkartoffeln – sind prebiotisch, sie fördern das Wachstum der „guten" Darmbakterien

Papaya – enthält das Enzym Papain, das Blähungen lindern kann

ballaststoffreiche Nahrung (Hülsenfrüchte und Vollkorngetreide) – sorgt für regelmäßige Verdauung und verhindert Blähungen

Empfehlenswerte Rezepte:

Joghurt-Beeren-Becher 34
Topinambur-Pastinaken-Suppe 47
Tomaten-Linsen-Suppe 54
Gebackene Süßkartoffeln mit Hummus 110
Gemüse-Crumble mit Haferflocken-Käse-Belag 123
Kichererbsen-Süßkartoffel-Topf 126
Probiotischer Joghurt mit Ananas 145
Fenchel-Kümmel-Minze-Tee 160

VERSTOPFUNG

In den Industrieländern ist dieses Phänomen weit verbreitet. Verstopfung ist nicht gefährlich. Zum Problem wird sie allerdings, wenn sie chronisch wird und lange Zeit anhält. Die Ursache liegt meist in einem Mangel an Ballaststoffen und zu geringer Wasserzufuhr. Ballaststoffe quellen und dehnen so die Darmwände. Diese wiederum besitzen besondere Rezeptoren, die dieses Dehnen wahrnehmen. Ist dies der Fall, ziehen sich die Muskeln der Darmwände wellenartig zusammen – dies wird als Peristaltik bezeichnet. Eine regelmäßige natürliche, rhythmische Darmbewegung ist die Folge und damit ein gesunder Stuhlgang. Wir müssen also ausreichend Ballaststoffe und Wasser zu uns nehmen. Aber auch Stress, einige Medikamente und zu wenig körperliche Aktivität können Verstopfung begünstigen. So wie es mehrere Ursachen für eine Verstopfung geben kann, so kann auch eine Kombination von verschiedenen Gegenmaßnahmen deutlich Linderung verschaffen.

Mehr Ballaststoffe essen

Mehr Ballaststoffe, das heißt, mehr Vollkornprodukte und weniger verarbeitete Lebensmittel zu essen. Auch Weißbrot, weißer Reis und einfache Nudeln sollten nicht auf dem Speisezettel stehen. Essen Sie stattdessen mehr Obst, Gemüse, Nüsse, Samen, Hülsenfrüchte und Getreide. Wer gern Reis isst, sollte Naturreis kochen. Brotfreunde können auf Mehrkornvarianten zurückgreifen.

Ausreichend trinken

Damit die Ballaststoffe quellen und die Peristaltik auslösen können, benötigen sie ausreichend Wasser.

Empfehlenswerte Zutaten:

Äpfel – liefern lösliche Ballaststoffe (Pektin), die den Stuhl weicher machen

frisches Obst und Gemüse – sind gute Ballaststofflieferanten, sie enthalten zudem viele Mikronährstoffe

Bohnen und Hülsenfrüchte – sind gute Ballaststoffquellen

Naturreis, Haferflocken – sind ballaststoffreich, haben einen niedrigen glykämischen Index

Datteln – liefern β-Glucan, das hält alles in Bewegung

Empfehlenswerte Rezepte:

Frühstücksriegel 32
Frühstücks-Reispfanne 44
Weiße Bohnen mit Grünkohl und Parmesan 84
Apfel-Zimt-Gebäck 94

MORBUS CROHN

Bei der chronischen Entzündung des Darms werden die Darmwände dicker. Symptome wie eine schlechte Nährstoffaufnahme, Bauchkrämpfe, Durchfall, Gewichtsverlust, Müdigkeit, Blähungen und selbst Fieber und Gelenkschmerzen können die Folge sein. Die genaue Ursache ist unbekannt, doch man vermutet eine Autoimmunerkrankung. Das Immunsystem erzeugt hierbei Antikörper, die das Darmgewebe angreifen. Vermutlich sind Viren, bestimmte Nahrungsmittel und Umweltfaktoren die Ursache. Neben der medikamentösen Behandlung spielt auch bei dieser Erkrankung die Ernährung eine wichtige Rolle.

Mehr Antioxidanzien essen

Antioxidanzien tragen wesentlich dazu bei, Entzündungen zu reduzieren, insbesondere auf Oberflächen, mit denen sie in engen Kontakt kommen, wie also dem Darmbereich. Einige entzündliche Reaktionen haben ihre Ursache in freien Radikalen, aggressive Moleküle, die im Körper hergestellt werden. Antioxidanzien können die Effekte abschwächen und die Schwere von Entzündungen minimieren. Gleichzeitig schützen sie das Gewebe vor Schädigungen. Essen Sie also buntes Obst und Gemüse, etwa rote Paprika,

Süßkartoffeln, Radieschen und Rote Bete. Deren Inhaltsstoffe gelten als hoch wirksame Antioxidanzien.

Mehr Omega-3-Fettsäuren gegen Entzündungen

Unterschiedliche Fettsäuren unterstützen unterschiedliche Aktionen im Körper. Nimmt man mehr Omega-3-Fettsäuren aus fettem Fisch und Leinsamen zu sich, kann der Organismus mehr entzündungshemmende Verbindungen produzieren, die wieder Entzündungen abklingen lassen. Unterstützen kann man diesen Prozess, indem man weniger Omega-6-Fettsäuren und Arachidonsäure aufnimmt. Beides befindet sich in rotem Fleisch und einigen Pflanzenölen und kann Entzündungen verstärken. Optimal ist die Mittelmeerküche mit reichlich fettem Fisch, Olivenöl, Gemüse und Obst.

Weniger Rohkost essen

Bei entzündlichen Darmerkrankungen hat sich gezeigt, dass der Verzehr von rohem Gemüse und Obst für das Verdauungssystem harte Arbeit bedeutet. Für gesunde Menschen ist das kein Problem. Doch bei Erkrankten benötigt der Darm Ruhephasen, insbesondere nach einem Krankheitsschub. Suppen, Eintöpfe und gut gegartes Gemüse sind in diesem Fall die geeignetere Kost.

„Gute" Bakterien unterstützen

Die Meinung über probiotische Nahrung bei entzündlichen Darmerkrankungen geht auseinander. Ich jedoch halte sie aus mehreren Gründen für sinnvoll. Zum einen können „gute" Bakterien im Darm die Verdauung insgesamt verbessern. Zum zweiten spielen die Bakterien eine Rolle bei der Reparatur der Darminnenwände. Wir wissen, wie wichtig die „guten" Bakterien für das Immunsystem sind. Klinische Studien haben ergeben, dass Patienten mit einer besseren Darmflora weniger Rückfälle hatten.

Empfehlenswerte Zutaten:
Rote Paprika – ist reich an Antioxidanzien
Süßkartoffeln – sind reich an Antioxidanzien
fetter Fisch (Lachs, Makrelen, Heringe) – enthält reichlich entzündungshemmende Omega-3-Fettsäuren
probiotischer Joghurt – liefert gute Bakterien

Empfehlenswerte Rezepte:
Spargel-Lachs mit Eidip 42
Thai-Fischsuppe 50
Gebackener Kürbis mit Feta 86
Gebackene Süßkartoffeln mit Hummus 110
Rote-Bete-Erbsen-Risotto mit Minze und Feta 124

HÄMORRHOIDEN

Hierbei handelt es sich um deformierte Blutgefäße im unteren Darm- und Anusbereich. Meist entstehen sie durch andauernde Verstopfung oder durch anstrengende Toilettengänge. So oder so ist der Druck auf die Blutgefäße erhöht. Deshalb entstehen Verformungen und einzelne Abschnitte können ausbuchten und bluten.

Mehr Ballaststoffe

Die meisten Menschen nehmen viel zu wenige Ballaststoffe mit der Nahrung auf. Ballaststoffe aus Obst, Gemüse, Vollkorngetreide oder Hülsenfrüchten machen den Stuhl weicher und den Transport einfacher. Ballaststoffe machen den Stuhl zugleich voluminöser, das wiederum stimuliert die Rezeptoren in den Darmwänden. Die Folge: Die Kontraktionen der Darmwände vermehren sich, der Transport des Stuhls verbessert sich und Verstopfungsbeschwerden werden gemindert.

Regelmäßig trinken

Von ebensolcher Bedeutung ist die regelmäßige und ausreichende Flüssigkeitszufuhr. Ausreichend Wasser sorgt dafür, dass die Ballaststoffe aufquellen, das stimuliert die Rezeptoren in den Darmwänden. Trinken Sie möglichst 6–8 Gläser Wasser täglich.

Flavonoidreiche Nahrungsmittel essen

Mittlerweile sind Flavonoide, sekundäre Pflanzenstoffe, bereits Bestandteil konventioneller Pharmazeutika. Wir wissen, dass sie die Darmwände stärken und sie so resistenter gegen Schäden machen. Flavonoide befinden sich unter anderem in Heidelbeeren, Schokolade, Rotwein und roter Paprika.

Empfehlenswerte Zutaten:
Haferflocken – sind reich an löslichen und unlöslichen Ballaststoffen
Naturreis und Quinoa – sind ballaststoffreich
Beeren – liefern sehr viele gefäßschützende Flavonoide
rote Zwiebeln – sind reich an Flavonoiden

Empfehlenswerte Rezepte:
Joghurt-Beeren-Becher 34
Frühstücks-Reispfanne 44
Rotkohl-Rote-Bete-Salat 78
Apfel-Zimt-Gebäck 94
Würziger Kirsch-Crumble 146

REIZDARM

Der Reizdarm gehört zu den häufigsten Störungen des Darmtrakts. Er kann sich durch Verstopfung, Durchfall, Blähungen, Krämpfe und dringenden Harn- und Stuhlgang äußern. Die Symptome kommen und gehen und bei den meisten Betroffenen wechseln sich beschwerdefreie Perioden mit symptomreichen Zeiten ab. Bei den meisten werden die Beschwerden direkt nach dem Essen spürbar schlimmer.

Durchfall bei Reizdarm: keine unlöslichen Ballaststoffe

Diejenigen, die vor allem unter Durchfall leiden, sollten mit der Nahrung weniger unlösliche Ballaststoffe aufnehmen. Diese stecken vor allem in Kleie, Vollkornbrot und Cerealien, aber auch in Bohnen und Hülsenfrüchten.

Verstopfung bei Reizdarm: mehr lösliche Ballaststoffe

Lösliche Ballaststoffe quellen im Verdauungstrakt auf und machen den Stuhl weicher. Das erhöht die Stuhlmenge und dehnt die Darmwand. Die Rezeptoren in den Darmwänden werden aktiviert, was eine verbesserte Peristaltik zur Folge hat. Die natürlichen Bewegungen des Darms transportieren den Stuhl gleichmäßiger. Genauso wichtig ist es, ausreichend zu trinken (möglichst 6–8 Gläser Wasser täglich). Denn nur mit ausreichend Flüssigkeit können die Ballaststoffe quellen und die positiven Effekte erzielen.

Gute Darmflora stärken

Eine gute Darmflora besteht aus den „guten" Bakterien, die in unserem Darm leben und in vielen Bereichen eine gesundheitsförderliche Wirkung entfalten. Bei Blähungen, Durchfall und Verstopfung sorgen ausreichend „gute" Bakterien für ein schnelles Abklingen der Beschwerden.

Empfehlenswerte Zutaten:
Haferflocken, Datteln – sind reich am löslichen Ballaststoff β-Glucan
Naturreis, Bohnen und Hülsenfrüchte – sind eine gute Ballaststoffquelle
Äpfel – sind reich am löslichen Ballaststoff Pektin
frische Kräuter – lindern Blähungen
probiotischer Joghurt – fördert die „guten" Bakterien

Empfehlenswerte Rezepte:
Apfel-Zimt-Gebäck 94
Gemüse-Crumble mit Haferflocken-Käse-Belag 123
Aubergine mit Tomaten und Linsen 129
Probiotischer Joghurt mit Ananas, Papaya und Minze 145
Mango-Smoothie 158
Fenchel-Kümmel-Minze-Tee 160

F FORTPFLANZUNGS- & UROGENITALSYSTEM

ZYSTITIS

Die Ursache für eine Blasenentzündung sind bakterielle Infektionen der Blase und des Harntrakts. Oft ist E. coli im Spiel. Dieses Bakterium lebt in einigen Bereichen des Urogenital- und Magen-Darm-Trakts. Gelangt es in Bereiche, in denen es normalerweise nicht vorhanden ist, kann es eine Infektion auslösen, indem es sich zum Beispiel in den Wänden der Harnröhre und Blase einnistet. Das Immunsystem bekämpft den Angreifer und in der Folge entzünden sich Blase und Harnröhre, für die Betroffenen in den meisten Fällen recht schmerzhaft.

Cranberrys essen

Cranberrys und der Saft daraus haben seit langem einen guten Ruf als Heilmittel bei Blasenentzündung. Cranberrys enthalten eine Substanz, die E. coli von den Wänden des Harntrakts „zupfen" bzw. deren Einnistung verhindern kann. Cranberrys eignen sich aber wohl besser zur Vorbeugung als zur Behandlung, die unbedingt einen Arztbesuch erfordert.

Ausreichend trinken

Eine der besten Möglichkeiten im Umgang mit Blasenentzündung besteht darin, reichlich Wasser zu trinken. Dadurch erhöht sich die Reibung an den Wänden des Harntrakts, wenn der Urin hindurchgeht. Das kann dazu beitragen, die Bakterien auszuspülen.

Empfehlenswerte Zutaten:
Cranberrys – verhindern, dass sich die Bakterien festsetzen
Sellerie – erhöht den Urinausstoß

Empfehlenswerte Rezepte:
Cranberry-Sellerie-Drink 162

ENDOMETRIOSE

Bei der Endometriose handelt es sich um gutartige, meist aber schmerzhafte Wucherungen von Gewebe der Gebärmutterschleimhaut (Endometrium), das sich außerhalb der Gebärmutter in benachbarten Organen ansiedelt. Dieses abnormale Gewebe verhält sich ebenso wie das in der Gebärmutter, das heißt, es reagiert auf hormonelle Signale innerhalb des Menstruationszyklus. Es wächst und blutet genauso wie die normale Gebärmutterschleimhaut. Das kann zu Schmerzen und Schwellungen führen. Die genauen Gründe sind unbekannt, doch zur konventionellen Behandlung gehören Hormontherapien wie die Anti-Baby-Pille und manchmal entzündungshemmende Präparate.

Mehr Phytoöstrogene zu sich nehmen

In Pflanzen wurden Verbindungen gefunden, die dem im Körper gebildeten Östrogen ähneln und die sich damit ganz natürlich an Östrogenrezeptoren heften können. Alle hormongesteuerten Gewebe des Körpers können davon Nutzen tragen. Phytoöstrogene stecken vor allem in Kichererbsen, fermentierten Sojaprodukten wie Miso und Natto und sogar in Rhabarber.

Mehr Omega-3-Fettsäuren

Die lebensnotwendigen Fettsäuren können den Schmerz bei einer aufflackernden Endometriose lindern. Das liegt daran, dass Omega-3-Fettsäuren dem Körper helfen, eigene, natürliche entzündungshemmende Substanzen zu produzieren.

Empfehlenswerte Zutaten:

Kichererbsen – sind reich an Phytoöstrogenen
fermentierte Sojaprodukte – frisches Miso, Natto und Tempeh sind reich an Phytoöstrogenen
fetter Fisch (Lachs, Makrelen, Forelle und Heringe) – liefern reichlich Omega-3-Fettsäuren

Empfehlenswerte Rezepte:

Edamame-Kichererbsen-Salat mit Limette, Chili und Koriander 61
Sesam-Soja-Lachs mit Gemüse und Kokosreis 120
Kichererbsen-Süßkartoffel-Topf 126

MENOPAUSE

In der Menopause stellen die weiblichen Eierstöcke ihre Tätigkeit ein und die Menge der Hormone, die normalerweise freigesetzt werden, wird langsam geringer. Dann beginnt unser Gehirn, andere Hormone freizusetzen, die normalerweise bestimmte Prozesse innerhalb der Eierstöcke aktivieren – mit dem Ziel, gewohnte Prozesse zu reanimieren. Diese Hormonproduktion und dazu das Ausbleiben der Östrogenproduktion führen zu einem Chaos im Körper.

Mehr Phytoöstrogene essen

Diese natürlich in Pflanzen vorkommenden Substanzen ähneln dem Östrogen, das der Körper produziert. Sie können sich an die Östrogenrezeptoren binden. Einige Menopause-Symptome entstehen dadurch, dass das Gewebe plötzlich von der Östrogenlieferung abgeschnitten ist. Phytoöstrogene können diese Symptome lindern, weil sie sich statt der Östregene an die Rezeptoren im Gewebe heften. Das Gewebe lässt sich übertölpeln und die Symptome werden gelindert.

Mehr knochenbildende Nährstoffe

Eine wesentliche Folge des Östrogenmangels ist der Verlust der Knochendichte. Deshalb ist es wichtig, dem Körper die Nährstoffe zur Verfügung zu stellen, die er zum Erhalt der Knochenmasse benötigt. Es ist eigentlich kaum möglich, mit der Ernährung zu wenig Kalzium aufzunehmen – darüber hinaus Kalzium einzunehmen, könnte für Nieren und Herz gefährlich sein. Entscheidend sind die Nährstoffe, die bei der Absorption, beim Transport und bei der Verwendung von Kalzium (die wichtigsten sind Vitamin D und Magnesium) einen Part spielen. Sie müssen Ihrem Körper nicht nur Kalzium zu Verfügung stellen, sondern vor allem auch Magnesium und Vitamin D.

Täglich fetter Fisch

Die Omega-3-Fettsäuren können Hitzewallungen lindern. Omega-3-Fettsäuren werden im Körper in unterschiedliche Stoffwechselverbindungen eingebaut, auch in die Gruppe der Prostaglandine. Diese regulieren auch das Kreislaufsystem und können helfen, die exzessive Weitung der Blutgefäße, die zu Hitzewallungen führt, zu reduzieren. Ebenso nützlich sind Omega-3-Fettsäuren, wenn es darum geht, die Stimmung zu bessern und Symptome wie Depression und Angst zu lindern.

Blutzuckerkontrolle

Einige Ernährungsänderungen können helfen, Stimmungsschwankungen und Energieverlust in der Menopause zu lindern. Achten Sie auf einen niedrigen glykämischen Index und nehmen Sie Nahrungsmittel zu sich, die ihre Energie langsam und beständig in den Blutzucker freisetzen, sodass er gleichmäßig und stabil bleibt. Vollkorngetreide, leicht gegartes Gemüse, magere Proteine und Milchprodukte stehen hierbei ganz oben auf der Liste, raffinierte Kohlenhydrate dagegen sind verbannt. Achten Sie zudem darauf, bei jeder Mahlzeit hochwertige Proteine mit hochwertigen Kohlenhydraten zu kombinieren. Solche Gerichte werden langsamer verdaut, setzen länger Energie frei und sind somit freundlicher zu Ihrem Blutzuckerspiegel.

Empfehlenswerte Zutaten:

Makrele – liefert Kalzium, Vitamin D und Omega-3-Fettsäuren
Naturreis – hat einen niedrigen glykämischen Index und B-Vitamine
Miso – enthält reichlich Phytoöstrogene
Kichererbsen – enthalten viele Phytoöstrogene
Leinsamen – enthalten reichlich Phytoöstrogene und Omega-3-Fettsäuren

Empfehlenswerte Rezepte:

Frühstücks-Reispfanne 44
Edamame-Kichererbsen-Salat mit Limette, Chili und Koriander 61
Edamame-Dip mit Chili und Knoblauch 76
Lachs mit Kräuterkruste 132

MENSTRUATIONSBESCHWERDEN

Viele Frauen haben mit hormonellen Problemen zu kämpfen, insbesondere mit schmerzhaften Regelblutungen (Dysmenorrhö). Dafür können erhöhter Stress, Umweltfaktoren oder sogar die Anti-Baby-Pille verantwortlich sein. Auch Infektionen können diese Beschwerden hervorrufen. Ein direkter Zusammenhang mit der Ernährung ist eher unwahrscheinlich, aber Symptome können gegebenenfalls mit der entsprechenden Ernährung etwas besser erträglich sein.

Reichlich essenzielle Fettsäuren

Essen Sie Mandeln, Avocados und – das Wichtigste überhaupt – fetten Fisch mit seinen essenziellen Fettsäuren, insbesondere Omega-3-Fettsäuren und DGLS (Dihomogammalinolensäure). DGLS aus Avocados und Mandeln unterstützen die Regulierung einiger Fortpflanzungshormone und können zudem die Produktion der Stoffe reduzieren, die für die Kontraktion des Uterus verantwortlich sind (einer der Gründe für den heftigen Schmerz). Omega-3-Fettsäuren wie EPS und DHS wirken überdies entzündungshemmend und können Schmerzen und Entzündungen vorbeugen und im Idealfall sogar lindern helfen.

„Den Regenbogen essen"

Die Verbindungen, die für die leuchtende Farbe von etwa Paprika, Roter Bete, Süßkartoffeln und Grünkohl verantwortlich sind, wirken meist auch antioxidativ und entzündungshemmend. Eine abwechslungsreiche Ernährung, in der all diese Gemüsesorten einzeln oder kombiniert immer wieder vorkommt, ist mit das Beste, was wir für unsere Gesundheit tun können.

Mehr Vitamin C

Viele leiden nach der Monatsblutung unter einem Eisenmangel. Vitamin C unterstützt den Körper, das Eisen besser aufzunehmen.

Empfehlenswerte Zutaten:

Makrele – ist reich an Omega-3-Fettsäuren
Lachs – ist eine gute Quelle für EPS und DHS
Mandeln – sind reich an GLS/DGLS
buntes Gemüse – ist reich an Antioxidanzien
Spinat – ist reich an Vitamin C und Eisen, mit Tomaten essen, um die Eisenaufnahme zu erhöhen

Empfehlenswerte Rezepte:

Thai-Fischsuppe 50
Walnuss-Brunnenkresse-Salat mit Blauschimmelkäse 69
Schnelle Makrelenpâté 92
Gegrillte Makrele mit sautiertem Fenchel und Porree 137

POLYZYSTISCHES OVARIALSYNDROM

Das Syndrom lässt sich am besten als Zystenbildung auf den Eierstöcken beschreiben, es sind Eier, die sich nicht normal entwickelt haben. Bildet sich ein Ei im Eierstock, kann es durch die Haut nach außen gelangen und in den Eileiter eintreten. Zurück bleibt ein kleiner Beutel mit Narbengewebe, der Hormone freisetzt – Hormone, die den Menstruationszyklus beeinflussen. Bei dem Syndrom kann sich das Ei nicht vom Eierstock lösen, sondern bildet eine zystenartige Blase. In der Folge produzieren die Eierstöcke mehr männliche Geschlechtshormone. Das führt zu Symptomen wie Haarwuchs im Gesicht, Menstruationsstörungen, Akne und Gewichtszunahme.

Mit niedrigem glykämischen Index essen

Zwischen Insulinresistenz und Syndrom scheint es eine Verbindung zu geben. Insulinresistenz ist eine Erkrankung, bei der unsere Zellen nicht mehr für die Signale des Insulins empfänglich sind. Insulin hat die Aufgabe, den Zellen die Zuckeraufnahme aus dem Blutkreislauf zu „befehlen". Funktioniert dieses System nicht, produziert der Körper mehr und mehr Insulin, um die mangelnde Sensibiliät der Zellen auszugleichen. Insulinspitzen können die Eierstöcke stimulieren, mehr männliche Hormone als gewöhnlich zu produzieren, insbesondere Testosteron. Die Wände der Eierstöcke werden dadurch dicker und verhindern, dass das Ei sich löst. Die Folge sind Zysten.

Um die Insulinempfänglichkeit zu bewahren, eignet sich eine Ernährung, die sich an Lebensmitteln mit niedrigem glykämischen Index – Energie wird langsam freigesetzt – orientiert. Das stabilisiert den Blutzucker, Zellen behalten ihre Sensibiliät dem Hormon Insulin gegenüber. Essen Sie Vollkornprodukte wie Naturreis, Vollkornnudeln, Quinoa und Bulgur, magere Proteine – etwa fetten Fisch und Geflügel – und nur leicht gegartes Gemüse. Verbinden Sie bei den Mahlzeiten stets hochwertiges Eiweiß mit hochwertigen Kohlenhydraten und einem guten Fett.

Fetter Fisch

Die gesunden Omega-3-Fettsäuren sind in der Tat für jede Herausforderung gut. Beim Polyzystischen Ovarialsyndrom flammen in unterschiedlichen Zyklusstadien im Gewebe Entzündungen auf und Omega-3-Fettsäuren können den Organismus darin unterstützen, seine eigenen, natürlichen entzündungshemmenden Verbindungen zu bilden.

Mehr phytoöstrogenreiche Nahrung essen

Obwohl es wissenschaftlich nicht bewiesen ist, gibt es Indizien, dass phytoöstrogenreiche Nahrung helfen kann, den Hormonhaushalt auszugleichen.

Empfehlenswerte Zutaten:
Naturreis, Quinoa und Bulgur – haben einen niedrigen glykämischen Index
Makrele – ist reich an Omega 3-Fettsäuren
Lachs – ist reich an Omega-3-Fettsäuren, hochwertigem Protein
Miso – ist phytoöstrogenreich
Kichererbsen – sind phytoöstrogenreich

Empfehlenswerte Rezepte:
Frühstücks-Reispfanne 44
Edamame-Kichererbsen-Salat 61
Thunfischsteaks mit Süßkartoffeln und Spitzkohl 118
Kichererbsen-Süßkartoffel-Topf 126
Lachs-Garnelen-Spieße mit Zitrus-Quinoa-Salat 142

Empfehlenswerte Zutaten:
Tomaten – sind die beste Lycopenquelle
Mandeln – liefern β-Sitosterol
Kürbiskerne – liefern β-Sitosterol und Zink
Avocados – sind reich an β-Sitosterol
Garnelen – gelten als eine gute Zinkquelle

Empfehlenswerte Rezepte:
Gazpacho 58
Brot mit Guacamole und Röstgemüse 62
Scharfes Garnelencurry 134

PROSTATABESCHWERDEN

Die männliche Prostata macht im Laufe des Lebens mehrere Wachstumszyklen durch. Bei der Geburt wiegt sie ca. 1 g, im Erwachsenenalter dann 18 g. Vom 50. Lebensjahr an erleben viele Männer einen weiteren Wachstumsschub, der mit unangenehmen Symptomen verbunden ist. Die Prostata wird größer, wenn das Testosteron im Vergleich zum Östrogen abfällt. Geschieht dies, wird das sogenannte Dihydrotestosteron (DHT) aktiver. Es stimuliert das Prostatagewebe zum Wachstum. Dieses normale Wachstum, das auch Benigne Prostatahyperplasie genannt wird, ist meist ungefährlich. Unter Umständen jedoch kann sich daraus Prostatakrebs entwickeln — die beste Vorsorge dagegen ist, regelmäßig zu ärztlichen Untersuchungen zu gehen.

Lycopenreiche Lebensmittel essen
Lycopen ist ein Carotinoid, das Pflanzen eine leuchtend orange bis rote Farbe verleiht. Allem Anschein nach reduziert Lycopen das Risiko für Prostatakrebs. Wie genau es agiert, wissen wir jedoch nicht. Die Benigne Prostatahyperplasie und Prostatakrebs zum Beispiel tauchen in den Ländern seltener auf, in denen sehr viel mehr Tomaten verzehrt werden. Unter der Gabe von Lycopen hatten Betroffene weniger Marker für Krebs, wie weitere Untersuchungen ergaben.

Mehr β-Sitosterol
Dieser aus Pflanzen stammende Fettbegleitstoff reduziert angeblich Symptome, die mit einer vergrößerten Prostata einhergehen. Er scheint Schwellungen und damit die Größe der Prostata zu reduzieren.

Mehr zinkreiche Nahrung essen
Damit die Prostata normal funktioniert, braucht sie Zink. Auch wenn nichts dafür spricht, dass Zink Prostataprobleme lindert, so ist dieses Spurenelement doch unerlässlich für die Prostatagesundheit.

WOHLBEFINDEN

Nicht nur Kranke profitieren von optimierten Ernährungsgewohnheiten. Viele Nährstoffe unterstützen einfach allgemein die Körpersysteme und lassen sie effektiver arbeiten. Hier noch einige Tipps, wo die Ernährung helfen kann.

KATER

Die meisten der uns allen wohl bekannten Symptome haben ihren Grund in einer Dehydrierung sowie einem Mangel an Mineralstoffen und wasserlöslichen Nährstoffen wie B-Vitamine und Vitamin C.

Mehr Magnesium
Einige Katersymptome werden mit Magnesiumschwund in Verbindung gebracht. Grünes Blattgemüse zählt zu den ergiebigsten Quellen für den Mineralstoff.

Elektrolyte auffüllen
Sie sind wichtig, um die Wasserbalance und das Funktionieren jeder Zelle zu gewährleisten. Geben Sie einfach eine gute Prise Meersalz in das Wasser, das Sie am Morgen danach trinken.

Mehr B-Vitamine
B-Vitamine sind wasserlöslich und können sich schnell erschöpfen, wenn wir zu viel Alkohol trinken und häufig zur Toilette müssen. Dann werden wir lethargisch.

Empfehlenswerte Zutaten:
Grünes Blattgemüse – enthält reichlich Magnesium
Eier – liefern B-Vitamine und Magnesium
Meersalz – liefert wichtige Elektrolyte
Vollkornbrot – enthält reichlich B-Vitamine

Empfehlenswerte Rezepte:
Florentinische Eier 38
Spinat, Tomaten und Shiitake-Pilze auf Toast 40
Rote-Bete-Apfel-Saft 158

ERSCHÖPFUNG

Ein bisschen Müdigkeit ist normal, doch einige von uns sind ständig müde und erschöpft. Viele Faktoren, die eine Rolle spielen, können wir selbst beeinflussen, etwa schlechte Ernährung, falscher Umgang mit Stress und ungenügende Bewegung.

Niedriger glykämischer Index
Unsere Energie geht sehr schnell verloren, wenn wir dauernd Blutzuckerschwankungen erleben. Nahrungsmittel, die ihre Energie schnell freisetzen, etwa raffinierte Kohlenhydrate, bringen den Blutzucker dazu, in die Höhe zu schnellen. Steigt der Blutzucker, wird das Hormon Insulin freigesetzt, das wiederum die Zellen „auffordert", mehr Zucker zu verwerten. Je mehr Insulin freigesetzt wird, desto schneller ist die Glukose verbraucht. Dann rutschen die Blutzuckerwerte in den Keller und wir fühlen uns müde und träge. Dann greifen die meisten zu einem Snack und das Ganze geht von vorn los. Deshalb ist es wichtig, Nahrungsmittel zu essen, deren Energie langsam ins Blut geht. Essen Sie Vollkorngetreide, komplexe Kohlenhydrate wie Vollkornbrot und Quinoa, frisches Gemüse und magere Proteine aus fettem Fisch. Jede Mahlzeit sollte möglichst aus der richtigen Kombination von komplexen Kohlenhydraten, magerem Protein, Gemüse und reichlich guten Fetten bestehen.

Mehr B-Vitamine
An B-Vitaminen herrscht oft Mangel. Doch sie sind für die Energieproduktion außerordentlich wichtig. In vielen Nahrungsmitteln sind sie reichlich vorhanden, doch meist werden sie beim Kochen und Weiterverarbeiten zerstört. Gelangt Glukose in unsere Zellen, muss sie in die Substanz Adenosintriphosphat konvertiert werden – Energieträger in unseren Zellen. B-Vitamine spenden nicht direkt Energie, sind aber an Prozessen dieser Konvertierung beteiligt. Vollkornprodukte, Pilze und Spargel liefern reichlich B-Vitamine.

Lieber wenig und häufiger
Es ist besser, alle paar Stunden eine Kleinigkeit zu essen, als drei große Mahlzeiten am Tag. Wer alle paar Stunden isst, hält seine Blutzuckerwerte stabil und bekommt ausreichend Nährwerte!

Ausreichend trinken
Sogar leichte Dehydrierung ist schädlich für unseren Energiehaushalt. Trinken Sie möglichst 6–8 Gläser Wasser pro Tag.

Empfehlenswerte Zutaten:
Magere Proteine (Fisch, Geflügel, Eier und Tofu)
Naturreis – enthält B-Vitamine, niedriger glykämischer Index
Quinoa – ist reich an Protein und komplexen Kohlenhydraten, hat viele B-Vitamine und einen niedrigen glykämischen Index
grünes Blattgemüse – enthält viele B-Vitamine und reichlich Magnesium

Empfehlenswerte Rezepte:
Spinat-Feta-Rührei 31
Frühstücks-Reispfanne 44
Dattel-Walnuss-Kugeln 96
Bananen-Erdnuss-Schnitten 98
Lachs-Garnelen-Spieße mit Zitrus-Quinoa-Salat 142

Herausgeber: Anne Furniss
Creative Director: Helen Lewis
Lektoratsleitung: Laura Gladwin
Art Director & Design: Smith & Gilmour
Fotografie: Martin Poole
Food Stylist: Lucy Williams
Requisite: Wei Tang & Polly Webb-Wilson
Produktion: James Finan

Erstmals veröffentlicht 2013 von Quadrille Publishing Limited,
Alhambra House, 27–31 Charing Cross Road, London WC2H 0LS

www.quadrille.co.uk

Übersetzung: Annerose Sieck, Neumünster
Lektorat: Sabine Durdel-Hoffmann, Essen
Umschlagsgestaltung: Tina Defaux, Neustadt an der Weinstraße
Gesamtproduktion: Ortrud Müller – Die Buchmacher, Köln

ISBN: 978-3-86528-684-0
Printed in China